Värdering av fastigheter 2024
- en antologi

Redaktörer:
Hans Lind och Peter Palm

Förlag: BoD – Books on Demand, Stockholm, Sverige
Tryck: BoD – Books on Demand, Norderstedt, Tyskland

ISBN: 978-91-8057-823-3

Innehållsförteckning

Inledning

Hans Lind

Peter Palm

För tre år sedan gav Institutet för värdering av fastigheter ut antologin "Värdering av fastigheter 2021". Tanken bakom den antologin var att presentera ett antal aktuella uppsatser om fastighetsvärdering och aktuella problem inom området, inte minst som en dokumentation för den som i framtiden vill förstå hur vi tänkte i dessa frågor.

Denna antologi har i grunden samma syften men vi vill också lyfta fram att boken bör kunna fungera som komplement till den mer övergripande litteratur om fastighetsvärdering som används inom olika utbildningar.

Via Institutet för värdering av fastigheter kontaktades ett antal personer som inbjöds att skriva ett bidrag. Det gick också ut en allmän inbjudan till Institutets medlemmar. Det finns alltså ingen särskild tanke bakom att det är just dessa bidrag som kommit med i antologin.

I det första bidraget beskriver Anders Elvinsson utvecklingen på fastighetsmarknaden under de senaste åren och hur detta påverkar fastighetsvärdering, t ex när transaktionsvolymerna sjunker.

Marc Landeman tar upp hur begreppet marknadsvärde behandlats i samband med olika ersättningsbestämmelser och särskilt situationer där det klassiska marknadsvärdebegreppet inte fungerar bra.

Are Oust och Bertam Steininger tar upp den snabba utveckling av automatiserade värderingsmetoder med användning av artificiell intelligens.

Klimatförändringar kan förväntas ha stora konsekvenser för fastighetsmarknaden med t ex stigande havsnivåer och extremväder. Agniszka Zalejska-Jonsson beskriver i kapitel 4 internationell forskning om hur fastighetsvärderare hanterat detta.

1

En annan pågående diskussion är hur banker ska värdera fastigheter så att lånevolymerna inte ökar för mycket under perioder med stigande marknadsvärde. Jonny Heving beskriver begreppet Prudent value och hur det ska tolkas i olika situationer.

Hur fastighetsbolagen värderar sina fastigheter i balansräkningen har fått stor uppmärksamhet under senare år. Först handlade det om att företag inte sällan värderade upp sina fastigheter kort efter ett köp, men under de senaste åren har det främst handlat om huruvida bolagen skrivit ner fastighetsvärdena tillräckligt mycket. Christina Gustafsson beskriver i kapitel 6 företagens värderingspolicy, t ex hur man använder externa och interna värderare. Hans Lind beskriver i kapitlet efter vilka kritiska synpunkter som Nämnden för Svensk Redovisningstillsyn har haft för synpunkter på företagens värderingar de senaste åren.

Peter Palm och Peter Karpestam tar upp frågan om hur bostads-rättsföreningens storlek påverkar fastighetspriset. Enligt teorin borde det finns större risker i mycket små föreningar och därför borde de värderas lägre. Empirin pekar dock på att teorin inte stämmer.

Beteendeekonomi har varit ett växande område och Peter Palms uppsats redovisar ett antal värderingsexperiment om så kallad "ankring" - dvs att värderaren startar från ett visst värde och sedan gör anpass-ningar. Experiment visar att den information man ger värderaren, t ex om tidigare värderingar, påverkar resultatet även om olika åtgärder vidtas för att begränsa effekten.

I kapitel 10 ges en översikt av vilka värderingsfrågor som behandlas i examensarbeten från Stockholm och Lund och i kapitel 11 redovisas några frågeställningar som tas upp i den internationella forskningen under senare år. I båda kapitlen framgår att användningen av artificiell intelligens och hållbarhetsfrågor är populära ämnen.

Boken avslutas med författarpresentationer och en presentation av Institutet för värdering av fastigheter.

Stockholm, Maj 2024

Hans Lind   Peter Palm

2

1. En bransch i behov av förändring

Anders Elvinsson

1.1 Inledning

I slutet av 2021 stod svensk fastighetsmarknad på sin absoluta topp. Heimstaden hade precis avslutat den omtalade rekordaffären med Roger Akelius och i Sverige hade antalet börsnoterade fastighetsbolag växt till omkring 70 stycken. Det var något som stod ut i en europeisk kontext både vad gäller antalet bolag och det fastighetsvärde som dessa bolag lagt beslag på i förhållande till fastighetsmarknadens storlek. Räntorna var låga, centralbankers stödköpsprogram av värdepapper fortlöpte och allt fler fastighetsbolag vände sig till obligationsmarknaden för finansiering. De större bolagen hade sedan en tid tillbaka börjat blicka mot kontinenten. Däribland SBB som snabbt expanderade mot 300 mdr i fastighetsvärde och fick låna till minusränta vid ett tillfälle. För de mindre bolagen fanns det gott om riskvilligt kapital på hemmaplan. Börsen värderade bolagen till kraftiga substanspremier, finansiering var inget problem och därmed var det få som bekymrade sig över de historiskt låga direktavkastningskraven på direktmarknaden. De bolag som växte snabbast stod ut som vinnare och alla träd växte till himlen.

1.2 Ändrade förutsättningar

Men så tog inflationen fart i kölvattnet av pandemin och Rysslands invasion av Ukraina. Räntorna följde efter och det tog inte lång tid innan börsen såg vad som var på gång, vilket fick luften att gå ur marknaden. Core-investerare, som tidigare krävt relativt sett låg avkastning vid investeringar i tillgångar med säkra kassaflöden, flydde nu fältet då andra tillgångsslag snabbt prisades om till högre avkastningsnivåer - till

3

skillnad från fastigheter. Finansiering av större förvärv var i stort sett omöjligt och portföljpremier ersattes av rabatter. De bolag i sektorn med hög belåning och kreativa finansieringslösningar som aktivt pressat upp fastighetsvärdena stod inför en ny verklighet.

Jag skrev en uppmärksammad krönika på ämnet fastighetsvärdering som publicerades på Fastighetsvärldens hemsida i januari 2023. Där liknade jag förhållandet mellan fastighetsmarknaden och fastighets-värderarna vid ett danspar i otakt. Börsens fastighetsindex toppade i slutet av november 2021 och snart därefter hade premier mot bokförda värden skiftat till rabatter. Strax efter årsskiftet började allt mer negativa tongångar skönjas från analytikerkåren, banker och ratinginstitut. Delar av fastighetsbranschen ville inte riktigt inse allvaret i situationen och kritik riktades mot fastighetsvärderare samt bolag som inte justerade ned fastighetsvärden under hösten 2022. Vid det laget var en accelererande inflation, betydligt högre finansieringskostnader och en påtaglig oro i vår omvärld ett faktum.

I nämnda krönika resonerade jag kring de svårigheter som en fastighetsvärderare ställs inför när marknadssentimentet viker och resulterar i färre affärer och lägre transparens. Det jag lyfte fram som viktigast för en fastighetsvärderare att ta ställning till var att den bredare definitionen av marknadsvärde tydliggör att köpeskillingen varken ska vara högre eller lägre till följd av speciella omständigheter, eftergifter eller en finansiering som inte är att anse som marknadsmässig. Ett avdrag för latent skatt som inte är att betrakta som marknadsmässigt, hyresgarantier och säljreverser är alla exempel på åtgärder som kan blåsa upp det underliggande fastighetsvärdet. Det är därför av högsta vikt att fastighetsvärderaren sätter sig in i och förstår drivkrafterna bakom varje enskild affär för att därefter göra sin egen analys kring vad en "ren" köpeskilling hade uppgått till. Under de senaste 18 månaderna så har det ofta varit den som haft tillgång till mest information som har justerat ned fastighetsvärdena i störst utsträckning. Men hur ska vi fastighetsvär-derare gå till väga för att den samlade bedömningen ska vara mer likriktad? Under de senaste två åren har ett antal tidningsrubriker handlat om att fastighetsbolagens bokförda värden är för höga. Trovärdigheten för ett samhällsbärande skrå riskerar att gå förlorad. Transparensen måste öka och metoden för hur en fastighets värde bedöms måste främst baseras på rådande marknadssentiment.

Hösten 2022 präglades av uttalanden från företagsledare och konsulter som inte tycktes inse allvaret i situationen. Vissa ledande konsulter verkade till och med iklä sig rollen som lobbyister för sina uppdragsgivare. Bland annat kunde vi höra att marknadsvärdet snarast var oförändrat för vissa kategorier av fastigheter då det inte fanns några säljare som var villiga att gå köparna till mötes på annat än gårdagens priser. Men den vidare definitionen av marknadsvärde tydliggör att en villig säljare varken är en pressad säljare beredd att sälja till vilket pris som helst eller en som är beredd att stå fast vid ett pris som inte anses rimligt sett till rådande marknadsläge. Den villiga säljaren är motiverad att sälja tillgången till marknadsvillkor som motsvarar högsta möjliga pris som är möjligt att uppnå på den öppna marknaden efter lämplig marknadsföring, oavsett vad priset kan vara. Den faktiska situationen för den verkliga ägaren av fastigheten som värderas är inte en del av detta övervägande eftersom den villiga säljaren är en hypotetisk ägare.

Att en brist på jämförbara transaktioner i närtid användes som stöd för att avkastningskrav och marknadsvärden förblev i stort sett oförändrade rimmar som tidigare nämnts inte med den vidare definitionen av marknadsvärde. I backspegeln framstår det som tydligt att avsaknaden av jämförbara transaktioner snarare var en del av förklaringen till varför de bokförda värdena inte speglade marknadsläget som rådde. En fastighetsvärderare borde istället ha ställt sig frågan varför det inte skett några transaktioner och ifall de skiftande marknadsförhållandena, där kostnaden för att finansiera ett fastighetsköp definitivt bör vägas in, torde ha en påverkan på betalningsviljan. Ytterligare exempel på ett haltande resonemang gällande marknadsvärde går att hitta i ett av det noterade bolagens årsredovisning. I årsredovisningen kommenterar bolaget i fråga den diskrepans som rådde mellan de bokförda värdena och de stora substansrabatterna på börsen. Bolaget förklarade detta genom "...att fastighetsvärderingar görs på många års sikt medan aktiekurser handlas på kortare sikt." Vad "många års sikt" innebär i detta sammanhang framgår inte, men det aktuella exemplet lyfts fram i en rapport framtagen på uppdrag av Finansinspektionen och helt korrekt påpekas det i rapporten att fastighetsvärderingen ska avspegla förhållandena vid värdetidpunkten. Om fastighetsbranschen inte kan uppnå en unison tolkning av vad begreppet marknadsvärde innefattar – hur ska då övriga marknadsaktörer kunna ha förtroende för de bokförda värdena?

Det finns i mitt tycke en tydlig anledning till varför de bokförda värdena för vissa fastighetsbolag sköt i höjden. När fastighetsportföljer i mångmiljardklassen, ofta innehållandes 100-tals fastigheter, bytte ägare fram till årsskiftet 2021/2022, antingen över börsen eller genom direkt-affärer, så betalade köparen i nio fall av tio en betydande premie. Nästa skede bestod i att få in fastigheterna i böckerna och allt som oftast uppgick det aggregerade värdet till samma summa som portföljen hade förvärvats för. De mest aggressiva och finansiellt kreativa bolagen som nu kämpar för sin överlevnad gjorde detta utan undantag. När marknaden sedan vände, direktavkastningskrav steg och portföljpremier inte längre var något som en köpare var villiga att betala, blev fallhöjden än högre för de bokförda värdena i denna typ av bolag. Fastighetsbolag som värderar sina underliggande tillgångar, alltså fastigheterna, ska värdera dem som enskilda objekt. De riktlinjer som en fastighetsvärderare har att förhålla sig till är tydliga vad gäller portföljpremier, de ska inte vara del i värdebedömningen av ett enskilt objekt.

1.3 Konsekvenserna

Så varför har bolagen överlag inte gjort större nedskrivningar än vad vi hittills sett? Anledningarna är flera. Lånevillkor har oftast en komponent kopplad till belåningsgrad. Likaså är flertalet bolag beroende av ett kreditbetyg i sin finanseringsstrategi, varpå ratingbolagen i sin bedöm-ning har ett fokus på belåningsgraden. Det är därför av största vikt för många bolag att hålla uppe sina bokförda värden i den mån det går. De fyra storbankerna på den svenska marknaden tycks ha valt en mer försiktig utlåningsstrategi än kreditinvesterarna. Bankerna har hittills lyckats undvika kreditförluster av betydande storlek trots att de möts av skepsis från utländska investerare till följd av sin exponering mot svensk fastighetsmarknad. Att de gått så pass bra som det ändå gjort för bankerna kan förklaras av att fastighetsbolagen operationellt fortsatt levererar och att bankerna i större utsträckning skiftat fokus från belåningsgrad till det kassaflöde som fastigheterna genererar.

Om branschen istället hade valt att i större utsträckning väga in rådande marknadssentiment även i en nedåtgående marknad vid värdebedömningar så hade heller inte fastigheter släpat efter övriga tillgångsslag i samma utsträckning. När tiderna är goda så blir vi fastighetsvärderare ofta uppmanade att väga in marknadssentimentet. Till exempel kan vi få höra "tala med era mäklare", vilket är fullt rimligt då de förhandlar affärer i realtid medan vi i större utsträckning förlitar oss på genomförda och kommunicerade affärer. Men när marknaden viker och antalet affärer avtar, liksom transparensen på marknaden, blir det ännu viktigare att väga in marknadssentimentet. Ha nära kontakt med mäklare i branschen, träffa uppdragsgivare på regelbunden basis och skärskåda de pressmeddelanden som bolagen skickar ut. Gräv helt enkelt lite djupare. I det långa loppet är det ingen som tjänar på att marknaden inte har förtroende för bolagens bokförda värden.

Skillnaden mellan olika investeringsslags utveckling gjordes extra tydlig när de större pensionsbolagen öppnade böckerna för 2023. Fastigheter minskade kraftigt i värde. Övriga tillgångsslag uppvisade positiva siffror. 2022 var istället fastigheter svagt uppåt på totalen medan aktier och obligationer var rejält pressade. I till exempel Storbritannien så vägs marknadssentimentet in i betydligt större utsträckning vid fastighetsvärdering än i Sverige. Där har vi nu kunnat notera stigande värden i flera segment kring årsskiftet 2023/2024, men då var å andra sidan de betydligt tidigare ute med att skriva ned marknadsvärdena. Vissa fondstrukturer aktiva på direktmarknaden i Storbritannien ger möjlighet till insättningar och uttag på månatlig basis, vilka sker till substansvärde. För att undvika felprissättningar i dessa mer likvida fonder är det därmed av största vikt att de bokförda värdena återger rådande marknadssentiment.

1.4 Avslutande diskussion

Jag tror inte att branschen själva kan komma till rätta med de problem som media, Riksbanken och Finansinspektionen lyft upp under de senaste två åren. Till syvende och sist måste regulatoriska myndigheter sätta större press på fastighetsbolagen om ökad transparens. Som tidigare nämnts beställde Finansinspektionen en rapport på ämnet som publicerades under försommaren 2023 och resulterade i ett runda-bordssamtal med berörda parter. Jag deltog i egenskap av ledamot i styrelsen för Samhällsbyggarnas värderarsektion. Det är ett gott tecken att frågan kring transparens i bolagens redovisning och kommunikation kring genomförda affärer tas på allvar, men för att något verkligen ska ske så bör även aktörer som Nasdaq få upp frågan på sin agenda. Innan årets slut så kommer vi högst troligen ha haft fler än ett bolag som gått i konkurs och många småsparare som förlorat betydande summor pengar. Det skulle kunna bli den verkliga triggern som i slutändan leder till nödvändiga förändringar.

2. Markåtkomstersättning vid frånvaro av (ekonomiskt) marknadsvärde

Marc Landeman

2.1 Inledning

Vid tvångsvis markåtkomst ska normalt ersättning utgå för skadan som tvångsingreppet åsamkar den drabbade fastighetsägaren, vilket gör detta till en vanligt förekommande situation där fastighetsvärdering aktualiseras. Den s.k. markåtkomstersättningen ska bestämmas enligt expropriationslagens (1972:719, ExL) ersättningsbestämmelser. Formell expropriation med stöd av ExL är dock ovanligt; istället sker markåtkomsten med stöd av annan fastighetsrättslig speciallagstiftning,[1] eller indirekt genom "frivilliga" avtal mellan markägare och förvärvare.[2] För ersättningsfrågan hänvisar övriga fastighetsrättsliga lagar som legitimerar tvångsingrepp dock till 4 kap. ExL, vilket gör expropriationslagen helt central för hur ersättningsbestämningen ska genomföras.[3]

---

[1] Några exempel: ledningsrätt enligt ledningsrättslagen, rätt till mineralutvinning enligt minerallagen, vägrätt enligt väglagen och rådighetsinskränkningar enligt miljöbalken. Även plan- och bygglagen innehåller många möjligheter att ianspråkta fastigheter genom planläggning. Kännetecknande för samtliga av dessa situationer är dock att ersättningsfrågorna helt eller delvis bestäms efter 4 kap. ExL.

[2] Frivillighet är dock en sanning med mycket modifikation eftersom det hela tiden finns ett överhängande expropriationshot som den förvärvande sidan kan använda sig av vid villkorsförhandlingarna.

[3] Även vid frivilliga överenskommelser utgör ExL:s ersättningsbestämmelser en central utgångspunkt.

Den centrala ersättningsbestämmelsen finns i 4 kap. 1 § ExL.[4] Bestämmelsen innebär övergripande att markägaren ska ersättas efter fastighetens marknadsvärde (löseskilling) eller marknadsvärdesminskning (intrångsersättning), dvs. efter en *marknadsvärdesprincip*. Om det efter en sådan *värdeersättning* återstår ekonomisk skada som är ersättningsgill ska även denna kompenseras under ersättningsposten *annan ersättning*. På marknadsvärdeersättningen ska det även göras ett påslag med 25 %.

ExL saknar legaldefinition av marknadsvärdebegreppet. I förarbetena finns dock en *beskrivning* om att man med marknadsvärde *i princip* avser sannolikt pris vid ett utbjudande av fastigheten på marknaden.[5] Här kan följande reflektion framföras: beskrivningen av marknadsvärde som sannolikt pris för tankarna mot att det är ett reellt försäljningsvärde som ska ligga till grund för ersättningen, dvs. vad en presumtiv köpare på marknaden är villig att betala för objektet i fråga. För vissa situationer, där det finns ett adekvat ortsprismaterial att tillgå, utgör detta normalt inga större problem, även om man retoriskt kan fråga sig om det över huvud taget är möjligt att mer konkret "tala om" vad en specifik fastighet är värd på marknaden vid en viss tidpunkt, bl.a. sett till fastighetsmarknadens (ekonomiskt-teoretiska) tillkortakommanden.[6]

För andra situationer, där ortspris saknas eller är bristfälligt, eller där andra faktorer gör att det kan antas saknas presumtiva köpare på den aktuella delmarknaden, blir situationen genast mer komplicerad. Vissa fastigheter efterfrågas ju inte av marknaden eftersom det helt sonika inte finns några köpare.[7] Samtidigt har fastigheten normalt något slags värde för dess ägare som går förlorat genom markåtkomsten, även om värdet inte tar sig formen genom ett ekonomiskt marknadsvärde. Liknande

---

[4] Företagsskada ersättning under vissa förutsättningar enligt 4 kap. 2 § ExL. Även allmän plats har en egen ersättningsregel, se 4 kap. 3 a § ExL.
[5] Se prop. 1971:122 s. 171.
[6] Se vidare på temat om marknadsvärdets "flexibilitet" i Landeman, M., Markåtkomstersättning.
[7] Se Victorin, A. Expropriation i fastighetskris s. 507 ff.

svårigheter infinner sig även vid partiella intrång, som är den vanligaste typen av ianspråktagande, eftersom det sannolika priset många gånger inte påverkas från objektiv synvinkel vid små intrång i fastigheten. Även här går ju något förlorat hos ägaren – kanske några kvadratmeter eller att en ledning grävs ner i fastigheten – även om marknaden inte ser att det sker någon marknadsvärdenedgång genom intrånget. Helt tveklöst uppkommer en förlust för ägaren, men det är alltså inte nödvändigtvis en förlust sett från ett strikt marknadsvärdesperspektiv. Marknadsvärdet i ekonomisk mening är därför för dessa typer av avsedda situationer inte synonymt med den rättsliga innebörden av ekonomisk skada och den värdeförlust som uppkommer hos ägaren.[8]

Situationerna när det ekonomiskt inriktade marknadsvärdet kommer till korta och inte levererar expropriationsrättsligt önskvärda resultat har på olika håll, inte minst i förarbetena till rådande lagstiftning, uppmärksammats av lagstiftaren. Anledningen är primärt att en strikt (ekonomisk) tolkning av marknadsvärdets innebörd, i dessa typer av avsedda situationer, skulle leda till en ersättningsnivå som inte är rättspolitiskt acceptabel och således går emot det allmänna rättsmedvetandet eftersom ersättningen bestämd efter denna grund är för låg i förhållande till vad som går förlorat hos ägaren. En strikt ekonomisk tolkning av marknadsvärdet behöver därför, som ska utvecklas nedan, vid vissa förutsättningar frångås till förmån för en friare bedömning som sker mot bakgrund av att den drabbade ägaren i rättslig mening ska erhålla full ersättning och försättas i en ekonomiskt oförändrad situation, dvs. ägaren ska genom ersättningen i rättslig mening hållas ekonomiskt skadelös.[9]

---

[8] För tydlighetens skull avses här inte ägarens reservationsvärde, utan snarare värdebegreppet vid sakskada i skadeståndsrättslig mening, vilket inte är synonymt med marknadsvärde utan i stället betydligt bredare.
[9] Se prop. 1971:122 s. 165. Se vidare Hager, R., Ersättning för en bostadshyresrätt vid markåtkomst: Saknar en sådan nyttjanderätt ett ersättningsgillt värde, i ljuset av bl.a. jordabalkens regler om hyra? s. 233 ff. [nedan Ersättning för en bostadshyresrätt vid markåtkomst]

11

2.2 Ersättningsposterna och skadeståndsrättsliga inslag

Expropriationslagen har en uppdelning på olika ersättningsposter. Principiellt innebär uppdelningen att skada som går att hänföra till fastighetens *värde* ("marknadsvärde") ersätts som löseskilling eller intrångsersättning, medan ekonomisk skada som *inte* går att hänföra till värdet av fastigheten, utan drabbar ägaren mer personligen, ersätts under posten *annan ersättning*. Anledningen till uppdelningen är inte helt klarlagd i rättskällorna, men det torde framför allt vara med anledning av att lagstiftaren ansett det nödvändigt att hålla isär ersättning för det objektiva värdet av fastigheten som sådan och den ersättning som utgår till ägaren för skada som drabbar denne mer personligen.[10]

Det huvudsakliga syftet med uppdelningen av skadan på olika poster framstår dock ha varit att ersättningsposterna har olika rättsverkningar och effekter på olika intressen, exempelvis för inteckningshavare och för influensregeln i 4 kap. 2 § ExL.[11] Skadearten är vidare fastlåst till respektive ersättningspost. Detta innebär att det inte är möjligt att flytta skador mellan ersättningsposterna. Departementschefen uttalar följande i frågan:

"I detta sammanhang vill jag endast framhålla att det inte är meningen att skador skall kunna föras över från den ena ersättningsarten till den andra. En skada som inte ersätts genom löseskilling eller ersättning för fastighetsintrång, trots att den är av en typ som är hänförlig till någon av dessa ersättningsarter, skall alltså inte heller kunna kompenseras genom annan ersättning."[12]

---

[10] För mer djupgående redogörelse, se Landeman, M., Markåtkomstersättning s. 343 ff.
[11] Se SOU 1969:50 s. 166 ff.
[12] Se prop. 1971:122 s. 171.

Uttalandet gör det tydligt att lagstiftaren valt att dela upp ersättningsarterna beroende av om skadan drabbar *själva fastigheten* eller *ägaren personligen*. Det återgivna uttalandet och den gjorda uppdelningen kan även ses mot bakgrund av att annan ersättning på andra håll i förarbetena beskrivs som en restpost som s.a.s. samlar upp den skada som återstår när värdeersättningen bestämts för skador som drabbat själva fastigheten.[13]

Att tydligt hålla isär värdeersättningen från andra typer av ekonomiska följdskador ansluter till viss del även till skadeståndsrätten och i synnerhet situationen vid sakskada, där en liknande uppdelning gjorts mellan å ena sidan värdeersättning och å andra sidan ersättning för följdförluster.[14] Skadeståndsrättsliga principer är vidare, i en bredare bemärkelse, centrala även inom expropriationsrätten.[15]

I skadeståndsrätten är utgångspunkten vid sakskada att värdeersättningen ska bestämmas med ledning av återanskaffningskostnaden för ny och likvärdig egendom, eventuellt med avdrag för ålder och bruk.[16] Syftet med att ha förstahandsmetoden knuten till återanskaffningskostnaden är framför allt att ge den skadelidande möjlighet att återställa det som förstörts genom ersättningsköp på marknaden.[17] Kostnadsmetoden antas vidare normalt vara den metod som bäst uppfyller den inom skadeståndsrätten fundamentala principen om *full ersättning* eftersom skadeståndet antas förslå till att inköpa just likvärdig

---

[13] Se SOU 1969:50 s. 167. Se vidare även Hager s. 236 för liknande uppfattning.
[14] Se 5 kap. 7 § skadeståndslagen.
[15] Av utrymmesskäl ska vi inte fördjupa oss i detta i och för sig mycket viktiga område. För fördjupning om relationen mellan skadeståndsrätten och expropriationsrätten, se vidare Landeman, M., Markåtkomstersättning kapitel 6.
[16] Enligt HD ska avdrag göras med "försiktighet". Innebörden är oklar. Se NJA 2016 s. 945. Avdragsfrågan är även omdiskuterad i doktrinen, främst med anledning av om full ersättning i realiteten kan hävdas utgå om den skadelidande behöver skjuta till eget kapital för att i praktiken återställa det som skadats.
[17] Se t.ex. Roos, C.M., Ersättningsrätt och ersättningssystem s. 238.

egendom som kan användas istället för den som förstörts.[18] Ägaren erhåller alltså genom möjligheten till ersättningsköp *full ersättning* för skadan som uppkommit.

Marknadsvärdet har dock en central roll även inom skadeståndsrätten och bestämningen av värdeersättning vid sakskada. Övergripande får marknadsvärdet störst betydelse när det är *unik egendom* som har skadats, vilket bl.a. innebär att den normalt inte går att återställa genom ersättning baserad efter återanskaffningskostnaden. Det kan exempelvis vara konst- eller samlarföremål, men även fastigheter eller tillbehör till en fastighet. Ett illustrerande exempel är de s.k. Gotlandstallarna, NJA 2015 s. 199.

"På en fastighet hade fyra tallar olovligen fällts av en person.[19] Tallarna var mellan 65–115 år gamla, naturligt självsådda och utgjorde en del av en trädridå för visst insynsskydd. Tallarna var enligt HD unik egendom som inte kunde ersättas genom plantering av yngre plantor. Kostnadsmetoden var därför inte tillämplig då det inte var möjligt att köpa in likvärdiga ersättningsträd.[20] HD bestämde istället att värdeersättningen skulle bestämmas efter fastighetens marknadsvärdes-minskning. Problemet var bara att det framstod som tveksamt om marknadsvärdet överhuvudtaget sjunkit till följd av att träden inte längre fanns på fastigheten. Tvekslöst hade det trots allt uppkommit en skada för fastighetsägaren, även om marknadsvärdet inte har påverkats, men hur ska värde-ersättningen bestämmas mot bakgrund av dessa konstateran-den? HD "löser" problemet bl.a. genom att slå fast att: "det [måste] då finnas utrymme för en uppskattning av skadan

---

[18] Se t.ex. Schultz M., Full ersättning för sakens värde s. 846 ff.
[19] Trädfällaren i fråga hade varit på fest hos grannen till den fastighet där tallarna stod och tog under natten tillfället i akt att såga ner de fyra tallarna.
[20] Den skadelidande visade att det var möjligt att från Tyskland inköpa tallar som var cirka 15 år gamla till en kostnad av drygt 400 000 kr. Dessa bedömdes dock av HD inte vara likvärdiga med dom som hade fällts.

14

[värdeersättningen] efter skälighet". Värdenedgången bestämdes mot bakgrund av uttalandet och ett antal skälighetsaspekter till 30 000 kr." (NJA 2015 s. 199.)

HD:s mer kvalitativa angreppssätt där värderingar av olika slag – exempelvis rättspolitiska, allmänna rättsmedvetandet, adekvat helhetsresultat sett till ändamål med ersättningen, rimlighet, rättviseaspekter etc. – är intressant ur synvinkeln att man vid ersättningsbestämningen kan behöva överge de vedertagna metoderna till förmån för en betydligt friare prövning över vad som i mångt och mycket framstår som rimligt sett till det specifika fallets förutsättningar och vad det är som skadats.

Tanken om att kunna korrigera rättsligt inadekvata resultat är inget nytt, men illustreras väl genom Gotlandstallarna.[21] Utrymme föreligger primärt i situationer där vedertagna värderingsmetoder leder till rättsliga tillkortakommanden gällande ersättningens storlek, exempelvis när ersättningen bestämd efter en vedertagen metod inte rättvist speglar vad som faktiskt har förlorats hos den skadelidande; vedertagna metoder kan ibland vara allt för trubbiga och inte fånga in den ekonomiska skadan tillräckligt väl. För att *ersättningsproblemet* ska kunna ges en rättsligt adekvat lösning fordras därför i dessa typer av situationer korrigeringar som sker utifrån någon form av skälighetsövervägande.[22]

Rättsliga ersättningsbestämningar har alltså helt eller delvis andra syften jämfört med andra situationer där värdet av en fastighet behöver bedömas. Det övergripande syftet är att ersättningen ska vara rättvis och göra att den skadelidande i rättslig mening hålls skadelös samt försätts i en oförändrad ekonomisk situation genom att full ersättning utgår. Vedertagna värderingsmetoder är alltså bara en utgångspunkt för hur

---

[21] Se t.ex. Grönfors, K., Om rättsskydd för affektionsvärdens. 597 ff. och Om rättskydd för skönhetsvärden s. 155 ff.
[22] Se vidare Andersson H., Ersättningsproblem i skadeståndsrätten s. 153 ff. och Hager R., Ersättning för en bostadshyresrätt vid markåtkomst s. 233 ff.

man rättsligen kan uppnå en adekvat ersättningsnivå, vilket ibland tycks glömmas bort, då problemet i grunden inte handlar om att finna det ekonomiskt mest korrekta beloppet, utan snarare att använda ekonomisk värderingsteori som en del av underlaget för att finna en rättsligt adekvat och acceptabel ersättningsnivå.[23]

2.3 Kontextuell bakgrund till expropriationslagens marknadsvärde

2.3.1 Införandet av marknadsvärdet i lagtexten

Eventuellt kan det för många framstå som ett aningen märkligt påstående att tala om två olika marknadsvärdesbegrepp – ett ekonomiskt och ett rättsligt – eftersom marknaden och marknadsvärdet så att säga är vad det är i termer av att det måste finnas villiga köpare som driver prisbildningsprocessen. Finns inga köpare är marknadsvärdet noll, vilket leder till ett antal rättsliga problem.

Att det saknas presumtiva köpare kan dock inte få som följd att ägare blir utan värdeersättning vid markåtkomstsituationer. Det finns många förklaringar till en sådan ordning. Övergripande skulle ett system där ägare riskerade att bli utan ersättning vid den avsedda typen av situation sakna legitimitet och uppfattas som djupt orättvist. Det finns därför ett rättmätighetsargument som ställer vissa krav på markåtkomstersättningen. För att undvika kollision med den allmänna rättskänslan och minska graden av missnöjeskostnader från markåtkomståtgärder fordras därför att vissa grundläggande rättvisebetonade aspekter tillgodoses vid ersättningsbestämningen.

Hur ersättningsreglerna i ExL ska utformas, bl.a. med avseende på vad som är en rättvis ersättning, har dock varit en omdiskuterad fråga allt sedan 1845 års expropriationsförordning. Grundproblemet har och är

---

[23] Se Hager Värderingsrätt s. 386 ff. & s. 393 och dennes Ersättning för en bostadshyresrätt vid maråtkomst s. 233 ff.

fortfarande detsamma, men lösningarna har över tid haft en viss variation, även om det finns många gemensamma nämnare mellan olika tiders utformningar. Dagens utformning där det explicit framgår av lagtexten att det är marknadsvärdet eller marknadsvärdesminskningen som ska ersättas infördes genom 1972 års reformering av expropriationslagen. Före denna tidpunkt innehöll inte lagtexten något sådant explicit *målsättningsstadgande* om vad det är som ska kompenseras genom markåtkomstersättningen; lagtexten hade istället en *metodangivelse* om att *fastighetens värde* i första hand skulle bestämmas med ledning av ortens pris och fastighetens avkastning, och om detta inte var möjligt, genom en kostnadsmetod. Nämnda utformning av lagtexten infördes 1949 i samband med att 1917 års expropriationslag reformerades.[24]

En intressant iakttagelse som kan göras från 1949 års reform är att förarbetena berör marknadsvärdebegreppet i avseendet att det fördes diskussioner om det borde införas i lagtexten som en explicit måttstock för ersättningen. Marknadsvärdet avfärdades dock i samma förarbeten, främst på grundval av att det sågs som mindre lämpligt inom vissa typer av områden – t.ex. lands- och glesbygd – där det sällan eller aldrig sker några fastighetsöverlåtelser och således, enligt förarbetena, är svårt att tala om existensen av ett "marknadsvärde." Förarbetena menar vidare att marknadsvärdebegreppet inte skulle vara möjligt eller lämpligt att använda vid partiella intrång då det vid många typer av små intrång inte sker någon reell marknadsvärdeminskning. För samtliga av dessa situationer beskrivs marknadsvärdet som *missvisande* och att det *rimmar illa*

---

[24] Den ursprungliga utformningen av 1917 års lag innebar att fastighetens fulla värde skulle ersättas, vilket alltså också är ett målsättningsstadgande. Det saknades dock metodangivelse lagtexten, och anvisningarna i förarbetena var inte heller tillräckligt konkreta, ansåg lagstiftaren under 1949 års reform, bl.a. eftersom värderingsmännen hade "fria händer" att beakta allt underlag som bedömdes vara relevant för att bestämma fulla värdet av fastigheten. Subjektiva inslag dominerade därför ersättningsbestämningen under dessa tider. Se vidare prop. 1949:184 s. 99 ff., och, gällande värderarens fria händer, 1910 års betänkande med förslag till lag om expropriation s. 133.

17

att använda som måttstock. Lösningen när det senare infördes i 1972 års expropriationslag var att modifiera marknadsvärdet för vissa situationer genom att införa något som kanske bäst kan liknas vid en rättslig fiktion.[25]

2.3.2 Normalt och onormalt marknadsvärde samt övergripande om värderingsmetoder

Återgången till ett målsättningsstadgande i lagtexten – ersättning efter marknadsvärdet – markerar enligt departementschefen på ett tydligare sätt jämfört med innan syftet med expropriationsersättningen, samtidigt som domstolarna ges en frihet att välja den värderingsmetod som leder till det mest rättvisa resultatet.[26] En avsikt med slopandet av metodangivelse i lagtexten var alltså att ge domstolarna en högre grad av frihet och flexibilitet att kunna välja den eller de värderingsmetoder som ger det mest rättvisande resultatet i det enskilda fallet.[27] Ett annat syfte med att slopa metodangivelsen i lagtexten var att ge ersättningsregeln ett mycket brett tillämpningsområde i avseendet att den ska kunna användas för alla vitt skilda typer av situationer som kan tänkas uppstå i en markåtkomstkontext.[28]

Domstolarna har dock trots det sagda inte en total frihet att råda över metodvalet. Istället uppkommer friheten under vissa särskilda förutsättningar. Bakgrunden är att departementschefen i förarbetena för ett resonemang som sammanfattningsvis innebär att *ortsprismetoden* är den värderingsmetod som normalt kan antas leda till det mest rättvisande resultatet, dock under förutsättning att det i det enskilda fallet finns något som kan betecknas som ett *adekvat ortsprismaterial*.[29] Ortsprismetoden

---

[25] Se vidare om rättslig fingering, Hager, R. Värderingsrätt s. 191 ff. och Landeman, M., Markåtkomstersättning s. 288 ff.
[26] Se prop. 1971:122 s. 171.
[27] Se prop. 1971:122 s. 171
[28] Se prop. 1971:122 s. 167.
[29] Se Landeman, M., Markåtkomstersättning s. 359 ff.

är därför förstahandsmetoden för fastighetstyper som *relativt ofta* omsätts på marknaden, medan avkastnings- och kostnadsmetoder enligt förarbetena utgör *kontrollfunktioner* till ortsprismetoden under dessa förutsättningar.[30] För situationerna med adekvat ortspris är innebörden av marknadsvärdebegreppet relativt nära det ekonomiska, även om det som alltid fordras rättsliga ställningstaganden för vilket belopp på kronan och öret som motsvarar marknadsvärdet i det aktuella fallet.[31]

När det å andra sidan inte föreligger något som kan betecknas som ett adekvat ortsprismaterial blir det genast mer komplicerat gällande hur ersättningen (marknadsvärdet) ska bestämmas, bl.a. mot bakgrund av att det i avsaknad av historiska försäljningar saknas adekvat information om den aktuella delmarknaden. I frånvaro av ortspriser är det i princip inte möjligt att göra en adekvat bedömning av marknadsvärdet eftersom den marknadsinformation som historiska försäljningar ger inte existerar. Fallet kan ju även vara att fastigheten saknar marknadsvärde.

När dessa situationer är för handen behöver förstahandsmetoden därför överges till förmån för någon av de andra två metoderna eller en kombination av dessa. Här blir även domstolens utrymme att tillämpa den metod som leder till det mest rättvisande resultatet tydligt. Det är dock inte fråga om det mest rättvisande sett till vad fastigheten skulle kunna säljas för vid ett utbjudande på marknaden, utan istället mest rättvisande från den drabbade ägarens perspektiv och som håller denne rättsligt skadelös genom att ersättning utgår för värdet av fastigheten. Att med utgångspunkt i avkastnings- och/eller kostnadsmetoder för att bestämma "marknadsvärdet" och ersättningen är alltså ett skadeståndsrättsligt inriktat tillvägagångssätt, där ägaren ska erhålla full ersättning för *värdet* av egendomen, snarare än att det är ett egentligt försäljningsvärde som kommer utgöra underlaget för löseskillingen;

---

[30] Se prop. 1971:122 s. 172. Se vidare Hager, R. Värderingsrätt s. 389 ff. och 399.
[31] Se NJA 2017 s. 261 för illustration av marknadsvärdet som en intervallangivelse.

tvärtom kan fastighetens värde, som vi ska se exempel på nedan, ligga ganska långt från vad den sannolikt skulle inbringa vid en försäljning. Ur förarbetena framträder för dessa typer av situationer beskrivningar av löseskillingen som ett *onormalt* marknadsvärde, som mer har karaktären av att vara rättsligt fingerat. Ett uttalande i förarbetena som ger viss vägledning i frågan är följande:

"För vissa typer av fastigheter kan det vara svårt att fastställa någon allmän prisnivå. Detta kan bero på fastighetens speciella karaktär eller på där befintliga byggnader och andra anläggningar. Om en fastighet har inrättats för exempelvis en viss typ av industriell verksamhet och försetts med därför avpassade anläggningar kan den ofta ha ett mycket ringa värde för en köpare som inte kan använda den för samma ändamål. I ett sådant fall torde som fastighetens marknadsvärde böra betraktas dess värde som underlag för den industriella verksamheten, om det kan sägas existera någon marknad för sådana fastigheter. Härvid torde värderingen huvudsakligen få bygga på avkastnings- och produktionskostnadskalkyler. *Under alla omständigheter* [!!! - *min kommentar*] måste fasthållas, att löseskillingen, inte minst av hänsyn till inteckningshavarna, måste avse även all egendom som har karaktären av tillbehör till den fasta egendomen. Eventuellt synes värderingen kunna ske på det viset att själva fastigheten åsätts ett visst värde, till vilket läggs realisationsvärdet av tillbehören. Den skada fastighetsägaren lider genom att han nödgas lägga ner eller flytta sin rörelse och som inte kompenseras genom löseskillingen för den ianspråktagna fasta egendomen får gottgöras i form av annan ersättning."[32]

---

[32] Se prop. 1971:122 s. 173–174. Min kursivering.

2.3.3 Närmare om ersättningsbestämningen vid de s.k. onormala fallen och modifieringen av marknadsvärdet

Lagstiftaren har i förarbetena förutsett att det finns en rad situationer där en strikt tillämpning av marknadsvärdet skulle leda till oönskade resultat. Listan på sådana tänkbara fastighetstyper och situationer kan göras lång. Den gemensamma nämnaren är att de normalt inte har någon kommersiell användning, men ofta har ett högt användningsvärde för den aktuella ägaren. Det ekonomiska marknadsvärdet är dock lågt eller obefintligt då andra inte ser samma potential i fastigheten, vilket gör att fastigheterna saknar något som kan betecknas som "normal efterfrågan".[33] Trots dessa omständigheter har ju *själva fastigheten* normalt ett värde, även om det i strikt mening inte är ett ekonomiskt marknadsvärde.

Ur förarbetena framgår att löseskillingen för situationerna när såväl ortspris som (objektivt) avkastningsvärde saknas måste göras med utgångspunkt i återanskaffningskostnadsmetoden. Att kostnadsmetoden ensamt kan användas för att bestämma löseskillingen följer även hur lagstiftningen var konstruerad fram till reformen 1972. Fram till denna tidpunkt var metoden enligt lagtexten en tredjehandsmetod som kunde ligga till grund för att bestämma fastighetens värde om det varken fanns ortspris eller objektiv avkastning från fastigheten. I förarbetena till nu gällande regel uttalar departementschefen att: "rätt till ersättning för fastighetens marknadsvärde torde i många fall leda till i stort sett samma resultat som gällande rätt."[34] Någon mer omgripande förändring i sak åsyftades alltså inte när man gick från regeln om fastighetens värde till marknadsvärde, utan kostnadsmetoden är fortsatt en möjlig tredjehandsmetod.[35] Uppfattningen om att marknadsvärdet kan bestämmas med ledning av återanskaffningskostnaden framgår även med viss tydlighet genom följande uttalande:

---

[33] Se Landeman, M., Markåtkomstersättning s. 367 och Victorin, A., Expropriation och fastighetskris s. 507.
[34] Se prop. 1971:122 s. 172.
[35] Se vidare Hager, R., Värderingsrätt s. 390.

21

"Liknande resonemang [som vid industriell verksamhet där marknadsvärdet bestäms med ledning av avkastning och produktions-kostnadsmetoder, se återgivet citat ovan] synes kunna föras i vissa andra fall då man svårligen kan tala om ett marknadsvärde. Som exempel kan nämnas vissa typer av vårdanstalter, gudstjänstlokaler och andra samlingslokaler samt anläggningar för militära eller vetenskapliga ändamål. Om det uppskattade marknadsvärdet på fastigheten i sådant fall inte täcker den förlust fastighetsägaren lider, vilken kan anses motsvara hans kostnader för att anskaffa en ny, likvärdig anläggning där verksamheten kan bedrivas i fortsättningen, torde särskild ersättning vid sidan av löseskillingen böra utgå."[36]

Uttalandet innebär att återanskaffningskostnaden kan ligga till grund för marknadsvärdet och löseskillingen när man *svårligen kan tala om ett marknadsvärde.*[37] En del av uttalandet som är lätt att misstolka är dock hänvisningen till posten annan ersättning som kan bli aktuell om löseskillingen inte förslår täcka den *totala skadan* från expropriationen. Uttalandet behöver förstås mot bakgrund av att det tar sikte på att den *totala förlusten* som uppstår genom expropriationen ska anses motsvara kostnaden för att återanskaffa ny och likvärdig anläggning på en ny fastighet där verksamheten fortsatt kan bedrivas. Här kan det vid löseskillingen bestämd efter återanskaffningskostnaden finnas ytterligare förluster, exempelvis flyttkostnader och dylikt, som inte täckts in i kostnadsmetoden, dvs. den *totala förlusten* är större än vad återanskaffningskostnaden ger vid handen, vilket motiverar att det även utgår ersättning för resterande skada eftersom den drabbade annars skulle

---

[36] Se prop. 1971:122 s. 174.
[37] Se vidare Hager Värderingsrätt s. 427 ff. och dennes Ersättning för en bostadshyresrätt vid markåtkomst s. 235 och Landeman, M., Markåtkomst-ersättning s. 367 ff. Det finns dock alternativa uppfattningar. Dahlsjö, A., m.fl. Expropriationslagen. En kommentar s. 218; s. 229 not 85 och s. 235 som menar att kostnadsvärdet bör utgå som annan ersättning.

hamna i en ekonomiskt sämre position jämfört med före expropriationen. *Själva värdet* av fastigheten måste dock särhållas mot restposten om annan ersättning. Fastighetens värde är som framgått ovan enligt förarbetena på förhand fastlåst till löseskillingen eller intrångs-ersättningen och går således inte att kompensera genom posten annan ersättning.

För situationerna där det svårligen går att tala om ett ekonomiskt marknadsvärde är det uppenbarligen inte längre fråga om att basera löseskillingen efter ett sannolikt pris vid ett utbjudande på marknaden, utan snarare ett sätt att tillgodose att den drabbade i *skadeståndsrättslig mening* hålls ekonomiskt skadelös, och att ersättningsbeloppet blir rättvist, genom att ersättning utgår för värdet av egendomen, dvs. ersättningens bakomliggande syften gör att löseskillingen behöver bestämmas med ledning av något som i strikt mening inte är ett marknadsvärde som sannolikt försäljningspris.[38] Metodvalet avgörs här istället av vilken metod som bäst uppfyller syftet med värdeersättningen, vilket är kostnaden för återanskaffning. Finns ett ortsprismaterial och "normala" omständigheter uppfylls dock syftet bäst genom ortspris-metoden, men när det inte är möjligt får man använda alternativ tillväga-gångssätt.

2.4 Modifiering av marknadsvärdet vid partiella intrång

Huvudproblemet vid markåtkomstsituationer som innebär partiella och relativt små intrång på fastigheter är att det kan sättas i fråga om marknadsvärdet överhuvudtaget påverkas av intrånget och avståendet. Värdet som köpare sätter på fastigheterna sitter normalt i andra attribut, t.ex. byggrätt, tomtanläggningar och omgivningen, än t.ex. det exakta antalet kvadratmeter. Det är därför tveksamt om små intrång genererar någon marknadsvärdesminskning eller åtminstone någon minskning som är objektivt kvantifierbar som en differens av marknadsvärdet före och

---

[38] Se Hager, R., Ersättning för en bostadshyresrätt vid markåtkomst s. 235.

23

efter markåtkomsten.[39] Helt tvekslöst uppkommer dock en skada för ägaren.

Lösningen blev att även för dessa situationer modifiera innebörden av marknadsvärdebegrepp till att bättre passa den rättsliga kontexten. Situationen illustreras med en fastighet som drabbas av ett intrång och en hypotetisk fråga huruvida vilken av två helt identiska fastigheter, frånsett det aktuella intrånget som just ska inträffa, en presumtiv köpare skulle välja.[40] Svaret på frågan är att en köpare inte skulle välja fastigheten som drabbas av ett intrång om han eller hon inte får någon form av rabatt jämfört med den som inte drabbas av något avstående.[41] Illustrationen är hypotetisk och kan ses som ett sätt att teoretiskt härleda att det har uppkommit en värdemässig förlust hos ägaren.

Problemet blir då hur ett sådant "prisavdrag" ska bestämmas. Övergripande innebär den valda lösningen att det är tillåtet att bestämma ersättningen schabloniserat genom en *direktuppskattningsmetodik*.[42] Schabloniseringen kan ske på många tänkbara sätt, men det är viktigt att framhålla att det normalt kommer vara fråga om att bestämma intrångsersättningen med ledning av en schablon som ger något som kan betecknas som ett "rimligt" resultat sett till vad det är som gått förlorat. Ofta hamnar man som en utgångspunkt i ett genomsnittligt värde, men det är bara en av många tänkbara utgångspunkter och det går att göra på många andra sätt och även justera efter en mer fristående bedömning.[43] Det väsentliga är att det valda sättet leder till ett resultat som framstår ge en rimlig kompensation sett till det intrång som skett och det som skadats. Schablonersättningen är inget som kan räknas fram genom

---

[39] Det ska dock framhållas att fastighetsdelar och vissa typer av partiella intrång har självständigt marknadsvärde eller en påtaglig marknadsvärdepåverkan. I dessa fall är det enklare att bestämma ersättningen som en differens av marknadsvärdet före och efter intrånget.

[40] Se prop. 1971:122 s. 189.

[41] Se prop. 1971:122 s. 189.

[42] Se SOU 1969:50 s. 175.

[43] Se prop. 1971:122 s. 189.

avancerade matematiska formler, utan i stället något som vilar på en mer kvalitativ (rättslig) bedömning utifrån föreliggande omständigheter.[44]

Vid partiella intrång är det alltså tillåtet att i princip helt lämna tanken om att det är en faktisk minskning av försäljningspriset som ska ligga till grund för intrångsersättningen och detta trots att det är marknadsvärde-minskningen som ska ersättas enligt lagtexten. Här framträder syftet bakom intrångsersättningen tydligt. Framför allt rättviseskäl gör alltså att man här behöver göra en friare prövning av vilken intrångsersättning som ska utgå, vilket kan exemplifieras genom att flera metoder som förespråkas av lantmäteriet som ett sista steg har en fristående "rimlig-hetsbedömning" där ett framräknat resultat kan justeras upp eller ner beroende av vad som bedöms vara rimligt i det enskilda fallas förutsättningar.[45] Resultatets "rimlighet" är det centrala snarare än vilka metoder som används för att nå fram till resultatet. Detta innebär vidare att det är svårt att med säkerhet hävda att "rätt" ersättning utgår just eftersom det normalt är en relativt fri prövning, och det ofta går att göra på många alternativa sätt samt att det till syvende och sist är fråga om schabloner som aldrig är helt träffsäkra i det enskilda fallet.

Ur det sagda framträder en bild om att ersättningsproblemet vid små intrång primärt inte är ett värderingsproblem, utan i stället ett rättvise-problem. Schablonmetoderna är inte ett sätt att i realiteten bestämma en faktisk marknadsvärdenedgång,[46] utan i stället ett sätt att på någotsånär objektivt tillvägagångssätt kunna bestämma intrångs-ersättningen till ett belopp som uppfyller ersättningens bakomliggande syften.

Ett vägledande fall där ersättningens syfte framträder med viss tydlighet är det s.k. Optokabelmålet, NJA 2007 s. 695. I målet hade ett bolag erhållit ledningsrätt för optokabel. Kabeln skulle dock läggas i ett

---

[44] Att matematiska formler och kalkyler kan användas som en grund för be-stämningen ska inte förnekas, men normalt är även dessa byggda på schabloniseringar trots att de ser ut att vara "exakta" och ge en objektiv skattning av skadan som inträffat.
[45] Man talar ibland om en s.k. "rimlighetskontroll".
[46] Snarare är det en konstruerad värdenedgång.

utrymme som redan belastades med ett antal befintliga ledningsrätter. Något ytterligare fysiskt intrång var det i praktiken därför inte fråga om, men den rättsliga belastningen ökade med ytterligare en ledningsrätt. I målet var det klarlagt att marknadsvärdet inte påverkades av den tillkommande ledningsrätten, vilket torde ha varit anledningen till att lantmäteriet bedömde att någon ersättning inte skulle utgå för upplåtelsen. HD var dock av annan uppfattning och utdömde intrångsersättning trots det sagda om att marknadsvärdet inte hade minskat. HD bedömde att det fanns visst besvär med att ha ytterligare en ledningsrätt i fastigheten, t.ex. när ledningsägaren ska besöka fastigheten samt att förvaltningskostnaderna i viss mån kan tänkas öka i framtiden till följd av detta. Dessa faktorer kan (teoretiskt) tänkas påverka hur mycket en presumtiv köpare är villig att betala när denne i likhet med förarbetenas exempel ska välja mellan en belastad och en icke belastad fastighet. HD bestämde därefter ersättningen skäligen till 500 kr per berörd fastighet. Beloppet i sig är inte så intressant, men Optokabelmålet innebär bl.a. att små intrång som inte påverkar marknadsvärdet överhuvudtaget trots detta *alltid* ska ersättas som intrångsersättning.

2.5 Illustreringar av den friare bedömningen av marknadsvärdet

För att kunna översätta en uppkommen skada till ett kvantitativt belopp som kan utgöra markåtkomstersättningen fordras för vissa typer av situationer – främst de som i ovan kallas onormala – att man metodologiskt riktar in sig på kostnaden för återanskaffning. Återanskaffningskostnaden är egentligen inte en enda metod, utan det finns olika varianter. Gemensamt för varianterna är dock att de i grunden syftar till att bestämma värdet av det som gått förlorat genom vad det skulle kosta för ägaren att inköpa likvärdig egendom i det förlorades ställe. Den bakomliggande argumentationen kan dock variera något mellan olika typer av förutsättningar.

I NJA 1969 not A 22 exproprierades en del av begravningsplatsen från Klara kyrkogård i centrala Stockholm.[47] Stadsplanen (motsvarande dagens detaljplan) för området angav att marken bara fick användas för kyrkoändamål. Den exproprierande parten (Stockholms stad) menade att marken till följd av den fastlåsta markanvändningen saknade marknadsvärde eftersom ingen annan än kyrkan hade användning av marken. HD instämmer i detta påstående, att marken saknar marknadsvärde sett till att det inte finns några villiga köpare, men att detta inte innebär att löseskillingen bestämd som ett marknadsvärde ska bestämmas till detta obefintliga belopp. Istället menar HD att man, för att kvantifiera den uppkomna skadan sett till värdet, får använda sig av ett kostnadsresonemang i termer av vad det skulle kosta kyrkan att återköpa samma mängd mark som går förlorad i närområdet.

"[Markens] värde är visserligen till stor del av den art som icke mätes i pengar, men skäl av vikt finnes att anse den i vart fall äga samma penningvärde som omgivande kvartersmark. Om församlingen tvingas avstå del av kyrkogården, har den ett berättigat intresse att förvärva annan mark i stället; skall hela kyrkogården avstås, krävs medel att förvärva mark för ny kyrka eller eventuellt, efter ändring av den kyrkliga indelningen, för att bidraga till motsvarande ändamål i en nybildad församling. Dylika ersättningsförvärv lär i regel icke kunna ske till lägre pris än det angivna [marknadsvärdet av omkringliggande mark]."

Marknadsvärdeminskningen kan alltså bestämmas med ledning av återanskaffningskostnaden i situationer likt den beskrivna. Att det är

---

[47] Noterbart efter äldre regler. HD benämner dock i målet löseskillingen som ett marknadsvärde, och enligt nu rådande regler avsågs inte någon förändring genom övergång till ett explicit marknadsvärde i lagtexten. Fallet är därför intressant som en illustration över tillvägagångssättet i förevarande typer av fall.

fråga om ett fingerat och konstlat värde råder det inga tvivel om, dels eftersom det saknades villiga köpare för marken, dels eftersom någon faktisk återanskaffning av ersättningsmark i centrala Stockholm inte var ett alternativ. Tillvägagångssättet att använda en kostnadsbas möjliggör dock att översätta den uppkomna skadan till ett rimligt belopp som bedöms spegla värdeförlusten från intrånget.

Ett liknande problem förelåg i NJA 2002 s. 45. Fallet gällde inte ett tvångsingrepp utan bestämning av tomträttsavgäld, vilket dock innebär att expropriationslagens regler blir tillämpliga. Även avgälds-bestämningar utgår därför från expropriationslagens marknadsvärde, även om syftena bakom bestämningen är delvis annorlunda. Fallet rörde en fastighet som användes för uppställning och service av tunnelbanevagnar. Gällande detaljplan medgav enbart markanvändning som relaterade till tunnelbanans behov. Någon annan än nuvarande tomträttsinnehavare (SL) bedömdes därför inte ha någon användning av fastigheten, vilket föranledde bedömningen att fastigheterna i princip saknade ekonomiskt marknadsvärde. HD menar att man ska utgå från återanskaffningskostnaden av omkringliggande industrimark, dvs. vad det skulle kosta att återköpa samma mängd mark inom närområdet. Utifrån detta kom HD fram till att fastigheterna enligt expro-priationslagens marknadsvärdebegrepp var värda 84 respektive 19 miljoner kr i 2002 års penningvärde, vilket var avsevärt mycket högre än det sannolika försäljningspriset som låg nära noll.[48]

I NJA 1973 not A7 skulle marknadsvärdet bestämmas för två sambrukade fastigheter som användes för trädgårdsodlingar. Värdet av marken bestämdes efter ortens pris. Detta bedömdes dock inte spegla det verkliga värdet och förlusten av trädgården, vilket gjorde att HD ovanpå beloppet från ortens pris la till ett överskjutande belopp som baserades

---

[48] Hade det alternativt varit en expropriation hade marknadsvärdet sannolikt bestämts på ett liknande tillvägagångssätt, dock med något annorlunda argumentation.

på återanskaffningskostnaden för trädgårdsanläggningarna. Värdeersättningen bestämdes med andra ord genom med ledning av både ett ortspris och ett kostnadsvärde, där den senare blev ett överskjutande belopp till ortens pris. Hur en sådan justering bör göras i praktiken kan naturligtvis diskuteras, och även variera, men kostnadsvärdet torde här vara en god utgångspunkt tillsammans med syftet med ersättningen.

2.6 Avslutning

Att *bestämma* värdeersättningen vid markåtkomstsituationer skiljer sig till viss del från att *bedöma* ett marknadsvärde i strikt ekonomisk mening. En huvudsaklig förklaring är att ersättningen för själva värdet av fastigheten har bakomliggande syften som den strikta ekonomiska innebörden inte förmår leverera. Avsteg är därför nödvändiga för att syftet med ersättningen ska kunna upprätthållas. Det expropriationsrättsliga marknadsvärdet – eller enbart *värdet* som kanske är mer träffande – har därför en viss *flexibilitet* i avseendet att själva värdet av fastigheten kan bestämmas med ledning av metoder som i egentlig mening inte är ett sannolikt försäljningspris vid ett utbjudande av fastigheten. Frågan är om det inte hade varit mer pedagogiskt att trots allt behålla den tidigare måttstocken om att det är fastighetens värde som ska ersättas eftersom det är detta som förarbetena avser när man lämnar de enklare fallen där det finns ett adekvat ortsprismaterial? Denna fråga kan såklart diskuteras, men det hade varit såväl tydligare som mer ändamålsenligt om lagtexten fått en utformning som innebär det lagstiftaren faktiskt avser med regeln. Att skriva som man menar är alltså en allmän ledstjärna och kanske i synnerhet vid utformningen av en lagtexts lydelse.

Referenser

Andersson H., Ersättningsproblem i skadeståndsrätten: skadeståndsrättsliga utvecklingslinjer. Bok III. Uppsala 2017.

Dahlsjö A, Hermansson M, Sjödin E. Expropriationslagen: en kommentar. Tredje upplagan. Stockholm 2010.

Grönfors, K. Om rättsskydd för affektionsvärden, i TfR 1963 s. 597 ff.

Grönfors, K. Om rättskydd för skönhetsvärden, i JFT 1973 s. 155 ff.

Hager, R. Värderingsrätt: särskilt om ersättning och värdering vid expropriation. Ak. Avh. Stockholm 1998.

Hager, R. Ersättning för en bostadshyresrätt vid markåtkomst: Saknar en sådan nyttjanderätt ett ersättningsgillt värde, i ljuset av bl.a. jordabalkens regler om hyra? i Festskrift till Thomas Kalbro s. 233 ff. Stockholm 2021.

Landeman, M., *Markåtkomstersättning.* Ak. Avh. Stockholm 2022.

Roos, C.M. Ersättningsrätt och ersättningssystem: en lärobok och idébok om ersättning vid personskada och sakskada. Stockholm 1990.

Schultz M., Full ersättning för sakens värde, i JT 2009 s. 846 ff.

Victorin, A., Expropriation och fastighetskris: ett dilemma för officialvärderingen? i Festskrift till Bertil Bengtsson s. 497 ff. Stockholm 1993.

Offentligt tryck

Betänkande med förslag till lag om expropriation m. m. Stockholm 1910.

Prop. 1949:184 Förslag till ändring av lagen om expropriation m.m

Prop. 1971:122 Ändring i lagen om expropriation.

SOU 1969:50 Expropriationsändamål och expropriationsersättning.

3. Automated Valuation Model in Real Estate

Are Oust

Bertram Steininger

3.1 Introduction

Assessing the valuation of properties and land has been a costly and time-consuming process, requiring a considerable degree of expertise. Automated Valuation Models (AVMs) are on the verge of revolutionizing property valuation, not only significantly lowering costs but also providing instant access to results for everyone. Looking ahead, AVMs are on the cusp of a broader transformation, extending their capabilities to evaluate more intricate assets, including commercial real estate and other asset classes. This evolution promises to reshape the current landscape of applied valuation methods.

The objective of this chapter is to provide a comprehensive overview of both the current and prospective applications of AVMs in real estate. It will scrutinize their usage across different industries and governmental sectors, shedding light on the diverse applications of AVMs. Furthermore, we will delve into the customization of AVM constructions to meet specific objectives, unraveling the fundamental conceptual aspects integral to their development.

AVMs are mathematical models coupled with extensive databases containing real units and transactions to assess the value of an asset.[49] In

---

[49] In   Standard on Automated Valuation Models - International Association of Assessing Officers (2018):

real estate, these models have a well-established history, frequently linked to property taxation and historically relying on rigid hardcoded approaches. This has included practices like assigning values based on the average square meter price within a specified area.

These models, alternatively referred to as Algorithm Valuation, Real-Time Valuation, Mass Valuation, or Computer-Assisted Mass Appraisal (CAMA), have played a pivotal role in banking, particularly in the domain of mass valuation purposes. Nevertheless, we anticipate a broader application of AVMs in the banking sector, extending beyond their traditional role to encompass activities such as the valuation of loan commitments (European Bank Authority, 2021).

The increasing prevalence of AVMs mirrors the broader trend seen in the adoption of artificial intelligence (AI) in many fields of our daily lives, driven by increased data accessibility, advanced computing capabilities, and novel machine-learning models. These evolving non-linear valuation models, harness the power of machine learning as AI-AVM. Advancements in Explainable AI (XAI) play a crucial role in developing AVM models and their utilization in research (Research AVMs) offers compelling opportunities. The use of AVMs in research is demonstrated by studies conducted by Oust et al. (2020), Calainho et al. (2022), Fout et al. (2022), and Oust et al. (2023). These studies under-score the expanding role of AVMs as valuable tools in advancing research endeavors.

A mathematically based computer software program that market analysts use to produce an estimate of a market value based on market analysis of location, market conditions, and real estate characteristics from information that was previously and separately collected, see www.iaao.org/media/standards /Standard_on_Automated_Valuation_Models.pdf.
The European AVM alliance has the following definition: A system that provides an estimate of the value (a Valuation) of a specified property at a specified date, using mathematical modeling techniques in an automated manner, see www.europeanavmalliance.org/files/eaa/Downloads/EAA_ Glossary_v23.pdf.

AVMs are already exerting a transformative influence across various industries. Kok et al. (2017) demonstrated the superior performance of AVMs compared to traditional appraisal methods, particularly in the commercial real estate sector. AVMs assume a pivotal role in the appraisal process and the determination of asking prices. Baum et al. (2021) identified several crucial applications of AVMs, including mortgage lending, mortgage-backed securities, property tax assessment, and iBuyer platforms. Additional applications listed by Glumac & Des Rosiers (2020) encompass local tax estimates, portfolio risk assessment, insurance risk assessment, lending risk evaluation, land readjustment, real estate investment, and negotiation margin.

Primarily, AVMs stand at the forefront of reshaping the transaction market, not only revolutionizing valuation processes but potentially redefining marketable assets. Furthermore, AVMs impact how developers and architects design new buildings or renovate existing structures. This involves considerations of renovation and rebuilding profitability, as well as the assessment of the market's profitability, as well as the assessment of the market's willingness to pay for different architectural types.

AVM is also an important use case within the broader context of PropTech (Property Technology). PropTech involves leveraging technology to refine and streamline processes within the real estate industry. Given the substantial impact of property value on both personal and business financial decisions, AVMs emerge as invaluable tools for numerous PropTech companies. When compared to other PropTech applications such as digital twins, smart buildings, and tokenization, AVMs have already gained broader acceptance and undergone thorough testing in the industry. While AVMs offer efficiency and convenience, it is important to note that they may not replace the need for traditional and human-based appraisals. A human appraiser may still produce superior results for more complex and unique properties or in situations where a more detailed assessment is necessary. AVMs give not only human appraisers more time to focus on these special cases but may also work in tandem with human appraisers to provide comprehensive property valuation solutions within the broader landscape of PropTech.

The remainder of this chapter is structured as follows. First, we address valuation in linear and non-linear AVMs. Following that, we provide a brief literature review on machine-learning based models for AVMs before describing various AVM designs for different purposes. In the next subchapter, we outline the basic concepts involved in constructing an AVM, and finally, we discuss how results from AVMs can be presented.

3.2 Valuation

What exactly does valuation entail? These two statements provide valuable insights into the valuation process.

> *"Valuation* [...] means the procedure and technique of estimating the value of specific property at a stated time and place." (Bonbright, 1937, p. 10).

> *"Value*, however defined, is the present worth of anticipated future benefits to be received from [the] possession of rights in realty" (Kinnard 1971, p. 43).

Three fundamental concepts for assessing the value of an asset have been established over the last decades. The Income Approach asserts that the value of a property equals the present value of anticipated future benefits. The Sales Comparison Approach (or Comparable Sales Method, CSM) assumes that if buyers are indifferent between two or more properties, the buyers believe the properties have the same utility and they are willing to pay the same price for them. The Cost Approach estimates the value based on the proposition that an informed buyer will pay no more than the cost of producing a substitute property with the same utility as the subject property.

In theory, AVMs have the flexibility to employ any of these valuation approaches or combinations thereof. Nevertheless, it is the Sales Comparison Approach that has gained advantages due to better data availability, incorporating information on sales, listing prices, or actual transaction prices.

In Figure 3.1, a categorization of the most prevalent machine-learning techniques used in AVM is presented. In the following two subsections, we will explore the main differences among these various techniques and delve into elements that merit consideration when selecting among them.

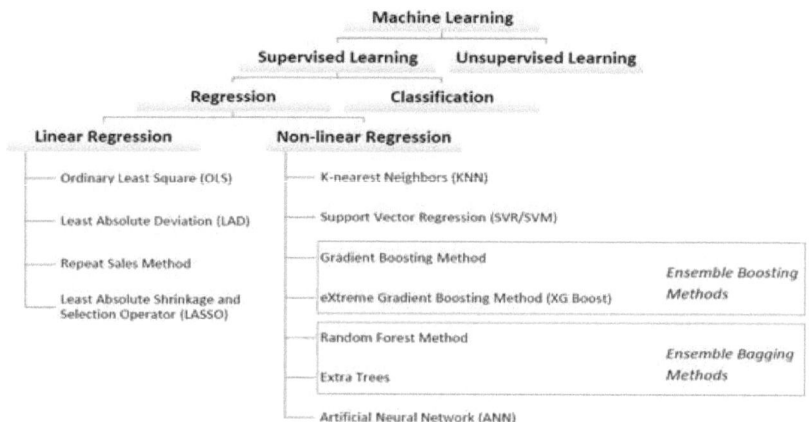

Figure 3.1 The figure displays a presentation and categorization of the most prevalent machine-learning techniques used in Automated Valuation Models (AVM) for residential properties.

Although not explicitly depicted in the figure, AVMs can also be created based on unsupervised learning. This approach might involve employing techniques like K-Nearest Neighbors (KNN) to find a specified number of homes that closely resemble the property under appraisal based on predefined rules. Subsequently, the average value per square meter for these homes can be calculated. In this context, we can also conceive of Semi-Automated Valuation or AVM Assisted Appraisal (AVMAA), wherein the appraiser receives suggestions for homes to include in the valuation estimate. However, the appraiser retains the flexibility to exclude homes believed not to accurately represent the values of the subject property. These scenarios align with the Sales Comparison Approach.

3.2.1 Linear Models

The dominance of the Sales Comparison Approach is not a recent development. The Hedonic Pricing Model (HPM) introduced by Rosen (1974), has long served as a fundamental framework in practice and even more in research. Early Automated Valuation Models (AVMs) frequently relied on HPM, especially for tax assessment purposes. In both AVM research and studies utilizing AVMs, HPM is commonly applied.

Recent research, such as by Doumpos et al. (2021), indicates that even simple linear models can serve as effective tools in developing accurate AVMs, particularly when considering spatial effects. They found that locally weighted linear regression models, including Ordinary Least Squares (OLS), Least Absolute Shrinkage and Selection Operator (LASSO), and Least Absolute Deviation (LAD), outperformed global and unweighted local approaches in accurately capturing spatial price variations.

These models were identified as easy to implement on a large scale, requiring only a modest data sample for effective model fitting. LAD, introduced by Koenker & Bassett Jr (1978) as an alternative to other more widely used linear regression models, demonstrated superiority in generating robust and accurate estimates of hedonic regression models, as found by Yoo (2001). These findings underscore the advantages of employing the LAD method for HPM analysis, highlighting its potential to yield more reliable results and increased robustness for such models.

OLS, LAD, and LASSO can all be considered examples of HPM analysis, attributing coefficients to various components of the property. The value of an individual property is obtained by summing the components relevant to that specific property, either as a total price or a ratio basis (e.g., per square meter). In research-oriented Automated Valuation Models (AVMs), linear regression often serves as a familiar benchmark

36

due to its coefficients being easily understandable and explainable. However, linear models face challenges in fully utilizing all available information in the data, often requiring transformations for effective utilization. Moreover, linear models typically contend with limitations in the number of variables, such as interaction terms, compared to non-linear models. Additionally, handling issues like multi-collinearity can be challenging.

Repeat Sales Methods represent another category within Linear Regression. These methods are approaches leverage the property's prior sales, along with the price trend of other homes, to estimate the home value. Repeat Sales Methods are most known for constructing house price indices, with the Case-Shiller Index Method (Case & Shiller, 1987) being widely used.

3.2.2 Non-Linear Models

Non-linear models, encompassing machine learning and AI-AVM technologies, have assumed an increasingly pivotal role in the evolution of Automated Valuation Models (AVMs) in recent years. The progress of AVM construction practices has been substantial, evident in both research endeavors and within commercial applications.

As illustrated in Figure 3.1, a diverse array of techniques is employed in AVMs, either independently or in combination, as we will elaborate on later. These techniques exhibit varied strengths and weaknesses, rendering them suitable for different applications. For research purposes, the utilization techniques with fundamental differences can be valuable to assess the robustness of the result.

K-Nearest Neighbors (KNN) predict outcomes based on the majority class or average value of the K-nearest data points to a given input point. Consequently, the model may resemble the estimation process histori-cally performed by real estate agents or appraisers, drawing from similar properties (Oust et al., 2020).

Support Vector Machines (SVM) serve as machine-learning tools for regression tasks, such as predicting housing prices in AVMs. SVM accommodates both linear and non-linear data through various kernel functions. Its utility lies in its ability to generate relatively accurate predictions within strict time constraints, contributing significantly to research endeavors (Kontrimas & Verikas, 2011; Zhang, 2012; Mu et al., 2014; Huang, 2019; Ho et al., 2021; Helgaker et al., 2023).

The Gradient Boosting Method, eXtreme Gradient Boosting Method (XG Boost), Random Forest Method, and Extra Trees constitute tree-based models. While the first two employ ensemble boosting, the latter two utilize ensemble bagging (see, Figure 3.1). Ensemble methods amalgamate multiple base models (weak learners) to optimize predictive capabilities. In bagging, weak learners are trained in parallel, whereas in boosting, they learn sequentially. XG Boost and Random Forest stand out as the two most widely embraced non-linear models for constructing AVMs, enjoying popularity among researchers (Kok et al., 2017; Mayer et al., 2019; Birkeland et al., 2021) and practitioners alike. While both exhibit promising results, XG Boost appears to outperform its counterparts, as evidenced by its success in competitions as shown by Kaggle (2018).

Artificial Neural Networks (ANNs) have been explored in various studies (Lam et al., 2009; Zhang, 2012; Birkeland et al., 2021), yet the results have not been unequivocally convincing. ANNs have not gained substantial traction among researchers or practitioners thus far, although this trend may shift with the expansion of datasets.

When choosing a machine-learning algorithm, it is essential to consider factors beyond mere performance metrics. Evaluating computational efficiency, tuning requirements, and resilience against overfitting is also advisable.

Real estate, being a heterogeneous asset, is significantly influenced by factors such as the timing of sale and location. Linear models often require variable transformations, such as time or location dummies. Studies suggest that the superiority of non-linear models over linear counterparts stems from their capacity to leverage more extensive datasets rather than inherently superior estimation capabilities.

Techniques to enhance information utilization, especially regarding location, can partially mitigate this discrepancy, as demonstrated in prior research.

Furthermore, machine-learning models offer advantages over linear models by accommodating a vast number of interaction terms and exhibiting reduced multicollinearity issues, a characteristic particularly evident in tree-based models.

3.3 Short Literature Review on Machine-Learning Models for AVM

We categorize briefly the extensive literature on machine-learning models for AVM into specific areas to enhance understanding of how research in this field has evolved over the last decades and to highlight the areas where advancements have primarily occurred.

In the early stage of using AVMs for the real estate sector, the literature focused on testing different AVMs against each other and/or against traditional techniques for the residential and commercial market (e.g., Kok et al., 2017). They have already identified a general superiority of AVMs compared to traditional techniques. However, the majority of the later studies have focused on integrating diverse machine-learning methods to enhance predictability and to compare traditional approaches with machine-learning methods in residential property valuation (e.g., Bogin & Shui, 2020; Simlai, 2021; Hjort et al., 2022; Ho et al., 2021; Mayer et al., 2019; Pace & Hayunga, 2020; Pérez-Rave et al., 2019; Sing et al., 2022; Yacim & Boshoff, 2018; Yoshida et al., 2022).

Some studies have explored enhancements to AVMs, including the implementation of stacked generalization to improve prediction performance in real estate valuation (Birkeland et al., 2021; Fourkiotis & Tsadiras, 2023; Graczyk et al., 2010; Truong et al., 2020). Pollestad et al. (2024) tackle the challenge of effectively quantifying uncertainty within non-linear models by introducing an estimation method specifically designed to capture the uncertainty associated with predicting individual prices.

Another strand of literature has concentrated on evaluating the performance of AVMs. In addition to the conventional precision measurements (Steurer et al., 2021), new metrics have also been explored (e.g., Lundberg & Lee, 2017; Pollestad et al., 2024; Strumbelj & Kononenko, 2010; Wan & Lindenthal, 2023).

Machine-learning techniques have been used to extract insights across various applications in real estate such as the construction of house price indices (e.g., Calainho et al., 2022; Francke et al., 2023; Xu & Zhang, 2022) or valuation of curb appeal and architectural styles (e.g., Johnson et al., 2020; Lindenthal & Johnson, 2021; Wan & Lindenthal, 2023). The predominant use of AVMs is in private homes, yet their application is expanding to include the valuation of more diverse commercial real estate. For instance, Deppner et al. (2023) analyze discrepancies between appraisal values and subsequent transaction prices in commercial real estate sectors.

Among the research that looks at the effect of applying AVM is Helgaker et al. (2023). They investigate the predominant adverse selection problem in the housing market also relevant for the business models of users of AVM (e.g., iBuyer) since homeowners have superior knowledge of their home in comparison to the buyer side who uses AVM. They find that adverse selection has a large negative impact on average profits; the effect can be reduced by simple strategic changes in the purchasing rules and iBuyers should not bid on houses for which they have only limited information in order to avoid buying "lemons".

3.4 Different AVM Designs for Different Purposes

Stakeholders in the real estate market benefit from a comprehensive understanding of a property's value. In the realm of buying and selling, these stakeholders include brokers, banks, buyers, and sellers. Banks and real estate companies, to some extent, may consider properties as portfolios, especially in stress-testing scenarios and addressing customers' refinancing needs. Developers, having the opportunity to make various choices, prioritize decisions that maximize profitability. Different government levels seek insights into property values, partly for tax purposes. Individuals, regardless of their plans for the property, may have a curiosity about its value. Additionally, various PropTech companies offering property value opinions play a role in the industry. Property value assessments may serve other purposes such as accounting, auditing, insurance, or legal disputes. Furthermore, researchers are driven by a keen interest in understanding property values.

Diverse perspectives within the real estate industry give rise to distinct needs, prompting the development of various types of AVMs. Real estate agents and appraisers typically use Preliminary Data AVMs or Interactive Valuation Application AVMs, where the AVM provides support in valuation, but the expert adjusts the valuation accordingly. Researchers use Research AVMs tailored to address specific research questions. A growing category of AVMs, known as Repetitive AVMs, is designed for continuous use in repeated valuations without recalibration, making them suitable for valuing properties within a portfolio.

Regulatory differences further contribute to distinctions in AVM usage. For banks, regulations may necessitate a human-in-the-loop or require fully explainable predicted values. Most tax regimes emphasize fairness and verifiability, resulting in developer models that are rigid with limited integration points, often prioritizing other model characteristics over prediction accuracy. If an AVM is designed to be openly accessible to users, allowing them to edit the property's features, user experience becomes paramount. Users may be particularly concerned about market prices, making it critical for the model to avoid price discrepancies based on recent property trades or excessive reliance on similar properties in the neighborhood. User trust in the AVM also depends on updated value estimates aligning with expectations when users update property information. For example, an unfavorable user

41

experience occurs if a user increases the size or adds a veranda, and the AVM model provides a lower value in the next step.

Customized AVMs can cater to specific needs, such as predicting the right price for new homes, focusing on renovation, or iBuy-AVMs that penalize high-value estimates more severely than low-value estimates. The various purposes that AVMs can serve and the demand for customized AVMs create research and development requirements across several different dimensions.

3.5 Basic Concept of Constructing AVMs

When aiming to learn how to predict a particular outcome, the availability of a dataset containing the true values of the target variable is paramount. In real estate, we typically possess data such as the sales price, listing price, or rental price of the property, accompanied by the timestamp when this value was determined. Additionally, a diverse set of hedonic property features is often included, embodying the principles of the Sales Comparison Approach in a supervised learning setting.

By utilizing a large number of historical transactions, we can estimate values for each component of a property. Aggregating these component values enables us to predict the property's sales price. The dataset is then divided into training and test sets. In the training dataset, selected models undergo training to optimize their predictive performance. This trained model is subsequently evaluated on the test dataset to ensure robust out-of-sample predictions.

There are two primary methods for partitioning the dataset into training and test sets. Random sampling involves randomly dividing the dataset, such as using 75% of the data for model training and 25% for testing model performance out of sample. This approach is often employed in research-oriented applications. The second method aims to prepare the prediction model for out-of-time predictions. Since many AVMs aim to predict current home prices using historical prices, an out-of-time estimation aligns more closely with the real-world scenario AVMs are designed for. Such a temporal split is illustrated in Figure 3.2.

(For more information, see Mayer et al., 2019). Estimating prices beyond the current timeframe - out-of-time estimation - makes it interesting to use variables to forecast price development.

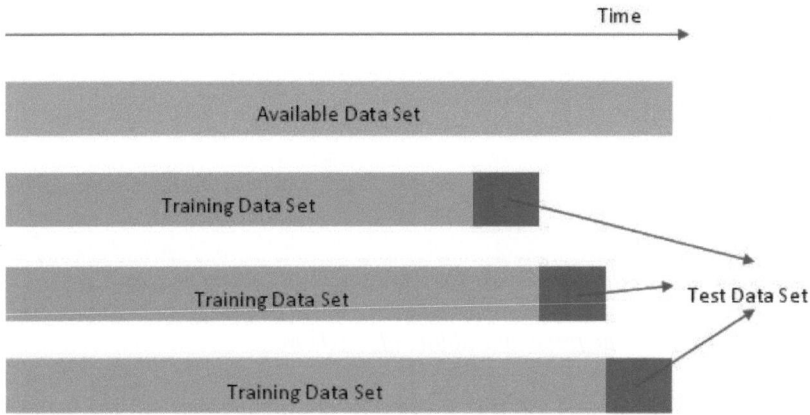

Figure 3.2 The figure illustrates an out-of-time split with an extending window approach of the dataset into training and test datasets. Within the figure, three runs are shown, each yielding three different sets of prediction outcomes.

Enhancing the predictive capability of an AVM can be achieved in various ways, and one crucial aspect is the algorithm and optimization of the machine learning. Key insights from the literature on this topic are summarized in previous subchapter 3.3. It is essential to recognize that while a machine-learning algorithm may demonstrate success in a research setting, its performance could also be influenced by the speed at which the model converges. Models utilizing the same data, with adequate optimization, are likely to converge and yield similar outcomes.

Ensuring high-quality input data, characterized by both accuracy and the amount of information available for each transaction, is paramount. Improving data quality can be achieved by capitalizing on the fact that many homes in the dataset have been transacted more than once, effectively demonstrated by Oust et al. (2020) and Birkeland et al. (2021). Further opportunities for enhancing data quality include the integration of different datasets, employing text and image analysis, and the incorporation of additional information into the sales process, as illustrated in Figure 3.3.

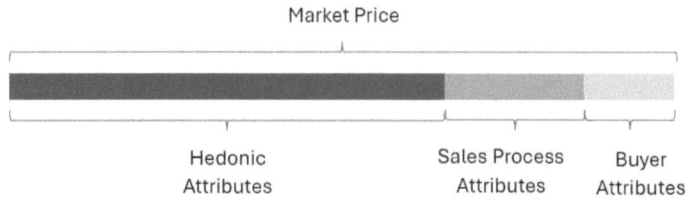

Figure 3.3 The figure illustrates diverse characteristics of the property, the sale price, and a potential buyer that may influence the final sale price and have the potential to enhance the predictive ability of the AVM.

Both hedonic attributes of the property, characteristics of the sales process, and attributes of the buyer can influence the sale price. While individuals may not typically have access to information about the features of the bidding process or details about the buyer when predicting the home prices before the sale takes place, training the AVM model on such comprehensive information should enhance the accuracy of price estimates.

The heightened availability of data provides models with an extensive training dataset. While linear models tend to converge rapidly, often with a few thousand observations, non-linear models exhibit ongoing enhancement with a much larger dataset. This is attributed to their capacity to discern nuanced distinctions, particularly in relation to location (Bjørgve et al., 2024).

Another aspect worth noting is stacked generalization, commonly known as ensemble modeling, which appears to be a rapid way to enhance prediction performance in real estate valuation (Birkeland et al., 2021; Fourkiotis & Tsadiras, 2023; Graczyk et al., 2010; Truong et al., 2020). These studies have demonstrated that models employing stacked generalization not only elevate prediction stability but also outperform other models in terms of predictive accuracy. For stacking to yield improved model results, there needs to be a balance in the correlation between model results, and the performance gap among models should not be excessively wide. However, when distinct machine-learning models simultaneously use the same data and are fully optimized, the resultant models tend to be highly correlated, potentially diminishing the effectiveness of stacking. Stacked generalization can also be used in a research context, offering insights into how different models interact.

3.6 Presentation of Model Results

When evaluating prediction quality, it is essential to examine both precision measures and uncertainty quantification. AVMs provide reliable precision measurements, encompassing mean absolute percentage error (MAPE), median absolute percentage error (MdAPE), root mean squared error (RMSE), and within 10% error rate (Steurer et al., 2021). Additionally, traditional R-squared can be used for evaluation.

Regarding uncertainty quantification, the linear structure of variable relationships in conventional HPD models, rooted in multiple linear regression, ensures the presence of an analytic expression for computing prediction intervals. This facilitates a straightforward yet effective method for quantifying uncertainty.

In contrast, non-linear AVMs have encountered challenges in effectively quantifying uncertainty, and efforts have been made to address this issue by Pollestad et al. (2024). They propose an estimation method designed to capture the uncertainty associated with predicting individual dwelling prices. Additionally, they introduce an evaluation metric called AVMU, designed to comprehensively assess the overall estimated uncertainty of AVMs. Both the measure of uncertainty for individual price estimates and for AVMU are estimated using direct loss estimation. This involves calculating the standard deviation of a bootstrapping ensemble, measuring the width of a quantile regression prediction interval, and employing a stacking of techniques.

When interpreting variables in AVMs, linear models have coefficients, whereas non-linear models can use Explainable AI (XAI).

Explainable AI is a specialized field dedicated to elucidating the inner workings of AI systems, enabling humans to understand the decision-making processes. The Shapley Additive exPlanations (SHAP) framework, introduced by Shapley (1953) and expanded by Strumbelj & Kononenko (2010) and Lundberg & Lee (2017), stands out as one alternative to enhance the interpretability of machine-learning models. SHAP is a game-theoretic approach that can be used to explain the output of any machine-learning model.

Feature importance and beeswarm plots are two possible representations of SHAP that collectively offer a comprehensive explanation of the price variations across different variables. While SHAP values provide a cohesive method for explaining any machine-learning model, it is crucial to bear in mind that these explanations merely indicate that a feature contributes explanatory power to the model and do not inherently imply causation. Causal relationships are complex, and machine-learning models are often influenced by correlations between included features and unobserved true causal relationships. SHAP also provides additional opportunities to depict the relationship between various variables and price, both in two- dimensional and three-dimensional representations.

References

Baum, A., Graham, L., & Xiong, Q. (2021). The Future of automated real estate valuations (AVMs). University of Oxford.Saïd Business School, Oxford Future of Real Estate Initiative.

Birkeland, K., D'Silva, A. D., Füss, R. A., & Oust, A. (2021). The predictability of house prices: "human against machine". International Real Estate Review, 24(2), 139-183.

Bjørgve, E., Oust, A., Sandnes, C., & Sønstebø, O. J. (2024). Enhancing Automated Valuation Models through Stacked Generalization: A Comparative Analysis of Housing Valuation Techniques, NTNU AVM Workshop 2024.

Bogin, A. N., & Shui, J. (2020). Appraisal accuracy and automated valuation models in rural areas. The Journal of Real Estate Finance and Economics, 60(1-2), 40-52.

Bonbright, J. C. (1937). Valuation of property. McGraw Hill, New York.

Calainho, F. D., van de Minne, A. M., & Francke, M. K. (2022). A machine learning approach to price indices: Applications in commercial real estate. The Journal of Real Estate Finance and Economics, (forthcoming), 1-30. https://doi.org/10.1007/s11146-022-09893-1

Case, K., & Shiller, R. (1987). Prices of Singel Family Homes since 1970: New Indexes for Four Cities. New England Economic Review, September/October, 45-56.

Deppner, J., von Ahlefeldt-Dehn, B., Beracha, E., & Schaefers, W. (2023). Boosting the Accuracy of Commercial Real Estate Appraisals: An Interpretable Machine Learning Approach. The Journal of Real Estate Finance and Economics, (forthcoming), 1-38. https://doi.org/10.1007/s11146-023-09944-1

Doumpos, M., Papastamos, D., Andritsos, D., & Zopounidis, C. (2021). Developing automated valuation models for estimating property values: a comparison of global and locally weighted approaches. Annals of Operations Research, 306, 415-433. https://doi.org/10.1007/s10479-020-03556-1

European AVM alliance. Glossary of Terms & Definitions. Available at EAA_Glossary_v23.pdf (europeanavmalliance.org)

European Banking Authority. (2021). Guidelines on loan origination and monitoring (EBA Guidelines). https://www.eba.europa.eu/regulation-and-policy/credit-risk/guidelines-on-loan-origination-and-monitoring

Fourkiotis, K. P., & Tsadiras, A. (2023). Comparing Machine Learning Techniques for House Price Prediction. In: Maglogiannis, I., Iliadis, L., MacIntyre, J., Dominguez, M. (eds) Artificial Intelligence Applications and Innovations. AIAI 2023. IFIP Advances in Information and

Communication Technology, vol. 676. Springer, Cham. https:// doi.org /10.1007/978-3-031-34107-6_23

Fout, H., Mota, N., & Rosenblatt, E. (2022). When Appraisers Go Low, Contracts Go Lower: The Impact of Expert Opinions on Transaction Prices. The Journal of Real Estate Finance and Economics, 65(3), 451-491. https://doi.org/10.1007/s11146-020-09800-6

Francke, M., Rolheiser, L., & van de Minne, A. (2023). Estimating Census Tract House Price Indexes: A New Spatial Dynamic Factor Approach. The Journal of Real Estate Finance and Economics, (forthcoming), 1-32. https://doi.org/10.1007/s11146-023-09957-w

Glumac, B., & Des Rosiers, F. (2020). Practice briefing - Automated valuation models (AVMs): Their role, their advantages and their limitations. Journal of Property Investment & Finance, 39(5), 481-491. https://doi.org/10.1108/JPIF-07-2020-0086

Graczyk, M., Lasota, T., Trawiński, B., & Trawiński, K. (2010). Comparison of bagging, boosting and stacking ensembles applied to real estate appraisal. In Intelligent Information and Database Systems: Second International Conference, ACIIDS, Hue City, Vietnam, March 24-26, 2010. Proceedings, Part II 2. 340-350.

Helgaker, E., Oust, A., & Pollestad, A. J. (2023). Adverse selection in iBuyer business models—Don't buy lemons! Zeitschrift für Immobilienökonomie, 9, 109-138. https://doi.org/10.1365/s41056-022-00065-z

Hjort, A., Pensar, J., Scheel, I., & Sommervoll, D. E. (2022). House price prediction with gradient boosted trees under different loss functions. Journal of Property Research, 39(4), 338-364. /https://doi.org /10.1080/09599916.2022.2070525

Ho, W. K., Tang, B.-S., & Wong, S. W. (2021). Predicting property prices with machine learning algorithms. Journal of Property Research, 38(1), 48-70. https://doi.org/10.1080/09599916.2020.1832558

Huang, Y. (2019). Predicting home value in California, United States via machine learning modeling. Statistics, Optimization and Information Computing, 7(1), 66-74. https://doi.org/10.19139/soic.v7i1.435

Johnson, E. B., Tidwell, A., & Villupuram, S. V. (2020). Valuing curb appeal. The Journal of Real Estate Finance and Economics, 60, 111-133. https://doi.org/10.1007/s11146-019-09713-z

Kaggle (2018). Kaggle|Zillow Prize: Zillow's Home Value Prediction (Zestimate) - Kernels. Available at https://www.kaggle.com/c/zillow-prize1

Kinnard, Jr, W. N. (1991). Income Property Valuation, D.C. Heath and Company, Lexington, MA.

Koenker, R., & Bassett Jr, G. (1978). Regression quantiles. Econometrica, 46(1), 33-50. https://doi.org/0012-9682(197801) 46:1%3C33:RQ%3E2.0.CO;2-J

Kok, N., Koponen, E.-L., & Martínez-Barbosa, C. A. (2017). Big Data in Real Estate? From Manual Appraisal to Automated Valuation. The Journal of Portfolio Management, 43(6), 202-211. https://doi.org /10.3905/jpm.2017.43.6.202

Kontrimas V., & Verikas A. (2011). The mass appraisal of the real estate by computational intelligence. Applied Soft Computing, 11(1), 443-448. https://doi.org/10.1016/j.asoc.2009.12.003

Lindenthal, T., & Johnson, E. B. (2021). Machine learning, architectural styles and property values. The Journal of Real Estate Finance and Economics, (forthcoming), 1-32.

Lundberg, S. M., & Lee, S.-I. (2017). A unified approach to interpreting model predictions. Advances in Neural Information Processing Systems, 30.

Mayer, M., Bourassa, S. C., Hoesli, M., & Scognamiglio, D. (2019). Estimation and updating methods for hedonic valuation. Journal of

European Real Estate Research, 12(1), 134-150. https://doi.org /10.1108/JERER-08-2018-0035.

Mu, J., Wu, F., & Zhang, A. (2014). Housing value forecasting based on machine learning methods. Abstract and Applied Analysis, 4, 1-7. https://doi.org/10.1155/2014/648047

Oust, A., Hansen, S. N., & Pettrem, T. R. (2020). Combining property price predictions from repeat sales and spatially enhanced hedonic regressions. The Journal of Real Estate Finance and Economics, 61, 183-207. https://doi.org/https://doi.org/10.1007/s11146-019-09723-x

Oust. A, Westgaard, S., Waage, J. E, & Yemane, N. K. (2023). Assessing the explanatory power of dwelling condition in automated valuation models. Real Estate Research, (forthcoming). https://doi.org/10.1080 /08965803.2023.2280280

Pace, R. K., & Hayunga, D. (2020). Examining the information content of residuals from hedonic and spatial models using trees and forests. The Journal of Real Estate Finance and Economics, 60, 170-180. https://doi.org/10.1007/s11146-019-09724-w

Pérez-Rave, J. I., Correa-Morales, J. C., & González-Echavarría, F. (2019). A machine learning approach to big data regression analysis of real estate prices for inferential and predictive purposes. Journal of Property Research, 36(1), 59-96. https://doi.org/10.1080/09599916. 2019.1587489

Pollestad, A. J., and Næss, A. B., & Oust, A., (2024). Towards a Better Uncertainty Quantification in Automated Valuation Models, available at SSRN http://dx.doi.org/10.2139/ssrn.4706470

Rosen, S. (1974). Hedonic prices and implicit markets: product differentiation in pure competition. Journal of Political Economy, 82(1), 34-55.

Shapley, L. S. (1953). A value for n-person games. In: Contributions to the Theory of Games (AM-28), Volume II, pp. 307-317, Princeton University Press. https://doi.org/10.1515/9781400829156-012

Simlai, P. E. (2021). Predicting owner-occupied housing values using machine learning: an empirical investigation of California census tracts data. Journal of Property Research, 38(4), 305-336. https://doi.org/10.1080/09599916.2021.1890187

Sing, T. F., Yang, J. J., & Yu, S. M. (2022). Boosted tree ensembles for artificial intelligence based automated valuation models (AI-AVM). The Journal of Real Estate Finance and Economics, 65, 649-674. https://doi.org/10.1007/s11146-021-09861-1

Standard on Automated Valuation Models - International Association of Assessing Officers (2018). Available at https://www.iaao.org/media/standards/ Standard_on_Automated_Valuation_Models.pdf

Steurer, M., Hill, R. J., & Pfeifer, N. (2021). Metrics for evaluating the performance of machine learning based automated valuation models. Journal of Property Research, 38(2), 99-129. https://doi.org/10.1080/09599916.2020.1858937

Strumbelj, E., & Kononenko, I. (2010). An efficient explanation of individual classifications using game theory. The Journal of Machine Learning Research, 11, 1-18. https://dl.acm.org/doi/10.5555/1756006.1756007

Truong, Q., Nguyen, M., Dang, H., & Mei, B. (2020). Housing price prediction via improved machine learning techniques. Procedia Computer Science, 174, 433-442. /https://doi.org/10.1016/j. procs. 2020. 06.111

Wan, W. X., & Lindenthal, T. (2023). Testing machine learning systems in real estate. Real Estate Economics, 51(3), 754-778. https://doi.org/10.1111/1540-6229.12416

Xu, X., & Zhang, Y. (2022). Second-hand house price index forecasting with neural networks. Journal of Property Research, 39(3), 215-236. https://doi.org/10.1080/09599916.2021.1996446

Yacim, J. A., & Boshoff, D. G. B. (2018). Impact of artificial neural networks training algorithms on accurate prediction of property values. Journal of Real Estate Research, 40(3), 375-418. https://doi.org/10.1080/10835547.2018.12091505

Yoo, S.-H. (2001). A robust estimation of hedonic price models: least absolute deviations estimation. Applied Economics Letters, 8(1), 55-58. https://doi.org/10.1080/135048501750041303

Yoshida, T., Murakami, D., & Seya, H. (2022). Spatial prediction of apartment rent using regression-based and machine learning-based approaches with a large dataset. The Journal of Real Estate Finance and Economics, (forthcoming), 1-28. https://doi.org/10.1007/s11146-022-09929-6

Zhang, S.H. (2012). Application of Support Vector Machine in determination of real estate price. AMR 461, 818-821. https://doi.org/10.4028/www.scientific.net/AMR.461.818

4. Hållbarhetsaspekter och värderingspraxis i internationell forskning

Agnieszka Zalejska-Jonsson

4.1 Inledning - definitionen av hållbarhet

När "hållbarhet" ska definieras, hänvisas det oftast till Brundtlands beskrivning där hållbar utveckling beskrivs som: "utveckling [...] som tillgodoser dagens behov utan att äventyra framtida generationers möjligheter att tillgodose sina egna behov". Det har dock inte varit enkelt att avgöra vad som i praktiken ska inkluderas i hållbarhet. Under de senaste 15 åren har fastighetsbranschen utvecklat definitioner som innebär att hållbara byggnader har egenskaper som innebär att drift optimeras och att miljöavtryck minimeras samt att byggnaden säker-ställer hyresgästers hälsa genom hela byggnadens livscykel (Wilkinson et al., 2018). Definitionen är bred, vilket gör att förhållandet mellan hållbarhet och fastighetens värde på marknaden är komplext och mång-dimensionellt.

Ett av problemen är hur bidraget från hållbarhet till fastighetsvärdet kan beskrivas i monetär form, särskilt när effekterna berör olika grupper och där både konkreta och immateriella aspekter behöver beaktas. Under senaste två decennierna har forskare och praktiker debatterat hur värderare kan eller borde integrera hållbarhet i sina fastighetsvär-deringar. Samtidigt har fastighetsvärderarna ofta argumenterat för att deras roll är att återspegla marknadsrörelser, inte förutse dessa, och därigenom uppstår det problem med att praktiskt inkludera hållbarhet i fastighetsvärderingprocessen på ett mer långtgående sätt.

I detta kapitel presenteras utvecklingen av fastighetsvärderarnas syn på hållbarhet, hur nya riktlinjer och standarder samt olika tillvägagångssätt för att bedöma hållbarhetaspekter har påverkat fastighetsvärderarnas sätt att inkludera hållbarhetsfrågor i värdering av kommersiella fastigheter. Kapitlet baserar sig på en litteraturundersökning och en sammanställning av internationella studier som utförts mellan 2006 och 2023 och som syftat till att undersöka fastighetsvärderarnas syn på hållbarhetspåverkan på värde och värderingsprocessen för kommersiella fastigheter.

4.2 Vad anser värderarna om hållbarhetsaspekternas betydelse i värderingspraxis?

Fastighetsvärderare visade initialt en mycket positiv attityd till betydelsen av hållbarhet inom fastighetsbranschen och var mycket positiva till att ta hänsyn till relationen mellan hållbarhetsspekter och fastighetsvärden. Med åren har optimismen minskat och värderarna visar stor försiktighet och tror i stället att hållbarhet har en begränsat effekt på fastighetsvärdet.

År 2006 svarade över 4 600 aktörer som verkade inom fastighets-branschen (RICS medlemmar) från hela världen på en enkät. Resultatet visade att majoriteten (60%) av de som svarade trodde att hållbar-hetsaspekter var helt eller i stor utsträckning relevanta för deras arbete (värdering, fastighetsförvaltning och investering). Engagemanget för hållbarhet var högre ju mer senior position respondenten innehade och ju större organisation personen tillhörde. Samtidigt visade respon-denterna ett ganska "passivt" eller "reaktivt" förhållningssätt gentemot hållbarhet och indikerade att hållbarhetsagendan främst drivs av lag-stiftning. (Dixon et al., 2008).

I Australien utfördes 2007 en undersökning bland fastighetsvärderare och resultaten visade att de var mycket optimistiska och förväntade sig en betydande effekt av hållbarhet på värdet. Enkäten skickades ut igen till fastighetsvärderare i Australien i 2011, 2015 och 2021. Resultaten från de efterföljande enkäterna indikerar att fastighetsvärderarna senare uppvisade en mer försiktig optimism om de positiva effekterna av hållbarhetsaspekter på fastighetsvärden och förväntningarna dämpades betydligt (Warren-Myers, 2023, 2016).

I Förenade Arabemiraten visade en undersökning från 2019 att var tredje värderare tycker att hållbarhetsaspekter är viktiga, men att relevansen hos dessa aspekter i fastighetsvärderingar var begränsad (Lambourne, 2022). Vikten av hållbarhetsaspekter berodde till stor del på uppdragsgivare, eftersom intresset från investerarnas sida (uppdragsgivaren) var väldigt litet. Undersökningar i andra länder pekar också på att prioriteringen av hållbarhet i värdering samt detaljnivån på hållbarhetsaspekter som inkluderas och beskrivs i värderingsrapporter i stor utsträckning beror på krav i uppdraget och uppdragsgivarens efterfrågan. I en studie från Sverige framkom att många värderare inte prioriterar hållbarhet i sitt arbete alls, och indikerar att dess prioriteringsordning är låg eller väldigt låg (Backenroth och Magnusson, 2023).

4.3 Vilka hållbarhetsrelaterade faktorer anses påverkar fastighetsvärde?

2006 identifierade fastighetsbranschen att bland de viktigaste hållbar-hetsaspekterna var energiförsörjning, markförorening, transport och avfallshantering, medan förlust av biodiversitet och vattenförsörjnings-problem överlag ansågs vara mindre viktiga (Dixon et al., 2008).

Energieffektivisering och energikällor (förnybara energikällor) klättrade senare upp på listan över viktiga aspekter. I Australien har energieffektivitet toppat listan under åren 2011, 2015 och 2021 (på andra plats 2007) och kan anses vara det långsiktiga attribut som uppfattas ha större effekt på fastighetsvärdet jämfört med andra hållbarhetsattribut. I Europa ligger energifrågor högt i ranking, särskild på grund av EU-direktiven, de stigande energipriserna och den ökade medvetenhet hos hyresgäster och hyresvärdar som följt på det (Bently et al., 2015; Thanh Le och Warren-Myers, 2019; Warren-Myers, 2023, 2016, 2016).

Läge och särskilt tillgänglighet, flexibilitet och anpassbarhet hos byggnader anses vara faktorer som i hög grad påverkar fastighetsvärde.

Byggnadens miljöcertifiering, som bekräftar byggnadens låga miljöpåverkan, tillhör de viktigaste faktorer i Europa (Hossain et al., 2023). Risken för översvämningar diskuteras som en potentiell framtida parameter som kan förväntas öka i betydelse för försäkringsbolag och investerare. Klimatanpassning av byggnader för att hantera extrema väderförhållanden kan också få större vikt framöver (Michl et al., 2016; Sayce et al., 2022; Warren-Myers, 2022). Vattenbesparing anses mer relevant i Australien än andra länder. Förnybar energi och inomhusmiljökvalitet är faktorer som rankats högre under de senaste åren, vilket kan vara en följd av händelser som Covid pandemin och förändrad politisk situation.

4.4 Vilken hållbarhetsrelaterad information/data samlas in och används i värderingsprocessen?

Fastighetsvärderare hänvisar till olika byggnaders miljöcertifieringar och energiprestanda som indikatorer och information om hållbarhetsnivåer i en fastighet. Information om hållbarhetsaspekter inhämtas av australienska värderare från byggnadscertifieringar som Green Star (rapporterar om uppskattat energivärde) och NABERS (som rapporterar om energiförbrukning). I början av 2000-talet var båda certifieringarna frivilliga, dock blev NABERS obligatorisk efter att Commercial Building Disclosure Programmet trädde i kraft år 2010 i Australien (Warren-Myers, 2022, 2023).

I Europa inhämtas information om byggnadens energiprestanda från energideklarationer, som har blivit obligatoriska i majoriteten av EU länder sedan år 2012. Annan information som ofta inhämtas inkluderar data om föroreningar i marken och i området, översvämningsrisker, byggnadens anpassningsbarhet samt miljöcertifieringar. Samtidigt spelar information om hyresgästernas upplevelse och deras välmående samt "gröna" hyresavtal en mycket liten roll för fastighetsvärdet, vilket kanske kan föranledas av att information om dessa inte samlas in eller inte är tillgängliga för fastighetsvärderarna (Michl et al., 2016).

Många värderare förlitar sig på information från fastighetsägare, fastighetsförvaltare eller webbplatser för marknadsinformation eller marknadsstatistik, uthyrnings-/försäljningsagenter, företagets egen databas och konsulter för att få nödvändig information om hållbarhet. Inspektion av byggnaden är obligatorisk för värderingar, men den utförs i regel enbart för att klargöra information som har erhållits i förväg i stället för att vara den primära formationskällan.

Antalet verktyg som assisterar vid byggnadsmiljöbedömningar, byggnadscertifieringar, klimat- och materialanalyser har ökat genom åren. Vi kan observera en betydande marknadsutveckling samtidigt som antalet miljöutvärderade byggnader ökar. Detta borde indikera att tillgänglighet till data och verktyg för att beskriva byggnadens hållbarhetsaspekter också ökar. Det är dock viktigt att skilja mellan verktyg som mäter hållbara faktorer genom att identifiera variabler och samla in relevanta data, och verktyg som utvärderar prestanda utifrån kriterier. Detta innebär att de olika verktygen levererar olika typer av information som bör användas och tolkas på rätt sätt.

Många studier har undersökt om fastighetsvärderarnas kunskaper inom hållbarhet håller jämna steg med utvecklingen av byggnaders miljöbedömningar. Det har rapporterats att fastighetsvärderarna anger att de har goda kunskaper om hållbarhet och olika bedömningsverktyg. Det finns dock en skillnad mellan objektiv kunskap och självrapporterad kunskap (den egna uppfattningen om kunskapsnivån). Studier pekar på att självrapporterad kunskap var relativt hög, men att den faktiska kunskapen om hållbarhet inte har utvecklats över tid (Thanh Le och Warren-Myers, 2019).

Den studien visar att fastighetsvärderarna tror att miljöcertifieringar ger ett riktmärke för en hållbar byggnad. Det visades också att synen på gröna byggnader hänger ihop med vilken ort värderaren är verksam i. Värderare verksamma i mindre orter utanför storstäderna är inte lika bekanta med de olika systemen och nämner inte certifieringar som en bidragande faktor, utan hänvisar snarare till byggtekniska attribut som hållbarhetsfaktorer.

I storstäder och för centralt belägna fastigheter kan certifieringar spela en viktig roll i värderingen, men inkludering av certifieringar i värderingen kan också medföra ett problem (Viklund and Hallberg, 2023). Flera värderare angav att förekomsten av olika certifieringssystem skapar förvirring på marknaden och ger stora jämförbarhetsproblem. Studien pekar också på att värderarnas kunskaper påverkar om och hur hållbarhetsbedömningen inkluderas i värderingspraxis.

4.5 Hur inkluderar fastighetsvärderarna hållbarhetsaspekter i värderingsprocessen?

Fastighetsvärdering omfattar vanligtvis tre traditionella metoder: ortsprismetoden, kassaflödemetoden och kostnadsmetoden. Ortsprismetoden bygger på jämförelse med liknande objekt, jämförbara transaktioner samt analys av relationen mellan priser och attribut som har signifikant verkan på marknadsvärden. Undersökningar bland värderarna pekar på att fastighetsvärderarna sällan väljer jämförbara försäljningar baserat på hållbarhetsbetyg eller gör särskilda justeringar av priset. Det finns flera anledningar till detta. Först anses det att hållbarhet är ett kriterium av flera, ett kriterium som inte anses tillräckligt betydande för att vara en huvudsaklig drivande faktor. För det andra, hållbarhet är inkluderat i många aspekter och det är mycket svårt att skilja ut den särskilda hållbarhetseffekten ur alla dessa aspekter. Värderarna noterade att inom värderingsmetoderna fanns det inget särskilt verktyg som kan användas, ingen vikt eller betygsskala eller procentandel som kunde antas för hållbarhetsaspekter och utifrån detta justera priset. Slutligen hänvisas det till att även om det finns mer (miljö)certifierade fastigheter på marknaden, är jämförelsen inte enkel, inte minst därför att det finns många olika typer av certifieringar som är inte direkt jämförbara. Eftersom det främst är nya byggnader som får ett högt hållbarhetsbetyg är det svårt att särskilja vad som beror av hållbarhet och vad som beror av ålder.

Resultat från flera studier visar att värderare var mycket försiktiga med att påstå att ett värdepremium kan vara relaterat till hållbarhet, men många noterade att hållbarhet kan ge en marknadsfördel, vilket gjorde byggnaden mer konkurrenskraftig, mer önskvärd och därmed lättare att hyra ut.

Vid tillämpning av kassaflödemetoden kan det antas att en positiv effekt av hållbarhetaspekter syns i driftkostnader, riskpremie, hyrestillväxt och avkastning. Värderarna indikerar att hållbara fastigheter karakteriseras av högre uthyrningsförmåga, men samtidigt noterade många att det inte finns någon särskild effekt på andel vakanser. Värderarna var tydliga att dessa positiva effekter på kassaflöde alltid måste grundas på faktiska data som fastighetsägare eller förvaltare tillhandahåller som underlag.

Detta avsnitt bygger på följande studier: Backenroth och Magnusson, 2023; Gustafsson och Cederlund, 2021, 2021; Michl et al., 2016; Thanh Le och Warren-Myers, 2019; Viklund och Hallberg, 2023; Warren-Myers, 2023; och Wilkinson et al., 2018).

4.6 Avslutande kommentar

Fastighetsbranschen visar en ökande medvetenhet och ökat erkännande av hållbarhetsaspekternas betydelse. Dock varierar graden av implementering av dessa aspekter i värderingsprocessen geografiskt och mellan olika aktörer. Det finns en trend mot att använda energideklarationer och miljöcertifieringar som indikatorer på hållbarhetsnivå, men svårigheten att kvantifiera hållbarhetens direkta påverkan på fastighetsvärden är fortfarande ett hinder.

Även om det finns försiktighet kring att direkt koppla hållbarhet till ett värde, erkänns att hållbara fastigheter kan erbjuda marknadsfördelar som högre konkurrenskraft, ökad attraktivitet och potentiellt lägre driftkostnader, vilket kan leda till positiva effekter på fastighetens kassaflöde och indirekt på dess marknadsvärde.

Hållbarhet är ett komplext och mångfacetterat begrepp som inkluderar både det förflutna (byggnadens egenskaper och tidigare prestanda) och framtida förväntan på lågt miljöavtryck och resurseffektivitet. Det finns dock brist på hållbarhetsrelaterade data och resurser för att samla in data. Samtidigt visar studier att hållbarhetsaspekter integreras i värdering och beskrivs i värderingsutlåtanden, men att nivån beror på investerarens (uppdragsgivarens) efterfrågan och krav. Det kan tyda på att värderingsprocessen och analysen inte återspeglar marknaden utan främst de enskilda kundernas inställning till hållbarhetsaspekter.

Det finns en utmaning och ett behov av att utveckla standardiserade metoder och verktyg för att integrera hållbarhetsaspekter i fastighetsvärderingen. Denna utveckling kräver även en ökad utbildning och kompetensutveckling bland fastighetsvärderare för att minska kunskapsgapet mellan självrapporterad och objektiv kunskap om hållbarhet.

Referenser

Backenroth, S., Magnusson, N., 2023. Sustainable Practices within the Real Estate sector: An analysis investigating the impact of sustainability practices within Real Estate companies in Sweden.

Bently, L., Glick, S., Strong, K., 2015. Appraising Sustainable Building Features: A Colorado Case Study. Journal of Sustainable Real Estate 7, 112–133. https://doi.org/10.1080/10835547.2015.12091869

Dixon, T., Colantonio, A., Shiers, D., Reed, R., Wilkinson, S., Gallimore, P., 2008. A green profession? A global survey of RICS members and their engagement with the sustainability agenda. Journal of Property Investment & Finance 26, 460–481. https://doi.org /10.1108/ 14635780810908352

Gustafsson, O., Cederlund, E., 2021. Hållbarhetens betydelse i värderingen av kommersiella fastigheter.

Hossain, S.M., Van De Wetering, J., Devaney, S., Sayce, S., 2023. UK commercial real estate valuation practice: does it now build in sustainability considerations? JPIF 41, 406–428. https://doi.org /10.1108/JPIF-11-2022-0083

Lambourne, T., 2022. Valuing sustainability in real estate: a case study of the United Arab Emirates. JPIF 40, 335–361. https://doi.org/10.1108/JPIF-04-2020-0040

Michl, P., Lorenz, D., Lützkendorf, T., Sayce, S., 2016. Reflecting sustainability in property valuation – a progress report. JPIF 34, 552–577. https://doi.org/10.1108/JPIF-03-2016-0022

Sayce, S.L., Clayton, J., Devaney, S., Van De Wetering, J., 2022. Climate risks and their implications for commercial property valuations. JPIF 40, 430–443. https://doi.org/10.1108/JPIF-02-2022-0018

Thanh Le, T., Warren-Myers, G., 2019. An examination of sustainability reporting in valuation practice: A case study of Melbourne, Australia. PM 37, 136–153. https://doi.org/10.1108/PM-02-2018-0016

Viklund, L., Hallberg, A., 2023. En studie om gröna byggnader: utifrån värderares ochinvesterares perspektiv.

Warren-Myers, G., 2023. Valuing sustainability Part 2: Australian valuers' perception of sustainability in valuation practice. JPIF 41, 351–379. https://doi.org/10.1108/JPIF-11-2021-0092

Warren-Myers, G., 2022. Valuing sustainability part 1: a review of sustainability consideration in valuation practice. JPIF 40, 398–410. https://doi.org/10.1108/JPIF-02-2022-0013

Warren-Myers, G., 2016. Sustainability evolution in the Australian property market: Examining valuers' comprehension, knowledge and value. JPIF 34, 578–601. https://doi.org/10.1108/JPIF-04-2016-0025

Wilkinson, S., Dixon, T.J., Miller, N.G., 2018. Routledge handbook of sustainable real estate.

5. The concept of prudent value

Jonny Heving

5.1 Background

In the context of the finalisation of the Basel III Reforms, in 2017 the Basel Committee on Banking Supervision (BCBS) addressed the issue of property valuation in its Final Report by identifying a new definition of value:

> "Value of the property: the valuation must be appraised independently using prudently conservative valuation criteria. To ensure that the value of the property is appraised in a prudently conservative manner, the valuation must exclude expectations of price increases and must be adjusted to take into account the potential for the current market price to be significantly above the value that would be sustainable over the life of the loan. National supervisors should provide guidance, setting out prudent valuation criteria where such guidance does not already exist under national law. If a market value can be determined, the valuation should not be higher than the market value..." (BCBS, 2017)

At the time of writing (March 2023), it is common understanding that the final text implementing the Basel III definition into the new Article 229(1) in Capital Requirements Regulation (CRR) is likely to be as follows, subject of course to final agreement and approval of the council and European Parliament:

> "The valuation of immovable property shall meet all of the following requirements:

(a) the value shall be appraised independently from an institution's mortgage acquisition, loan processing and loan decision process by an independent valuer who possesses the necessary qualifications, ability and experience to execute a valuation;

(b) the value is appraised using prudently conservative valuation criteria which meet all of the following requirements:

(i) the value excludes expectations on price increases;

(ii) the value is adjusted to take into account the potential for the current market price to be significantly above the value that would be sustainable over the life of the loan;

(ba) the value is documented in a transparent and clear manner;

(c) the value is not higher than a market value for the immovable property where such market value can be determined.

(d) Where the property valuation is reviewed, the value of the property shall not exceed the average value measured for that property, or for a comparable property, as defined in Article 4(1)(74a) over the last six years for residential properties or eight years for commercial immovable property or the value at origination, whichever is higher.

For the purpose of calculating the average value, institutions shall take the average across property values observed at equal intervals in time and the reference period shall include at least three data points.

For the purpose of calculating the average value, institutions may use results of the monitoring of property values in accordance with Article 208 (3). The value of the property can exceed that average value or the value at origination, as applicable, in case of modifications made to the property that unequivocally increase its value, such as improvements of the energy performance or improvements to the resilience, protection and adaptation to physical risks of the building or housing unit, see below III. Market Value (& articulation of ESG risks).

The property value shall not be reviewed upward if institutions do not have sufficient data to calculate the average value except if the value increase is based on modifications that unequivocally increase its value.

The value of the collateral shall reflect the results of the monitoring required under Article 208(3) and take account of any prior claims on the immovable property."

The valuation of immovable property is instrumental for the determination of exposures' risk weights and subsequently the calculation of banks' capital requirements and the concept of the 'property value' is therefore significant for both the banking community and the valuation profession. Against this background, the mortgage industry and valuation professionals have joined forces to determine a series of key components which will support the practical and proportionate operationalisation of this concept, in full alignment with the CRR and with the BCBS' original recommendations.

5.2 Premises and components of the 'Property Value'

The use of the market value alone, as currently referenced in Article 208 CRR, will no longer be permissible under the revised CRR. Indeed, according to the revised Article 229 CRR, banks will be required to "take into account the potential for the current market price to be significantly above the value that would be sustainable over the life of the loan" and furthermore ensure that "the value is not higher than a market value..". The third requirement is that the value must exclude expectations on price increases. It is important to underline that the CRR Articles include the terms 'market value' and 'market price'. As the definition of market value is the amount the property should exchange for, subject to certain assumptions concerning timing and buyer and seller behaviour (see Art. 4(76) CRR for full definition), we assume that the terms market value and market price mean the same thing within the CRR Articles.

It is important to underline that the 'property value' must be operationalised by 1 January 2025 in setting the capital requirement for all new lending and progressively for existing mortgage portfolios in subsequent years. The 'property value' is therefore relevant for several millions of properties and mortgages. Against this background, the approach must naturally be robust, but it must equally be proportionate and rapidly practicable in order to achieve the operationalisation by the 2025 deadline. The approach should also be appropriately calibrated to facilitate supervision by competent authorities.

With these considerations in mind, the mortgage and valuation industries have reached the following conclusions which, in my view, provide for a transparent and consistent approach across Europe, whilst necessarily recognising and accommodating inherent differences between national markets.

5.2.1 Inclusion of current use of market value in the operationalisation of property value

The logical and proportionate basis for the determination of the 'property value' is the market value, which remains a transparent, consistent and well-established valuation approach, having been applied by the valuation and mortgage industries across Europe and beyond for decades. The market value is furthermore a robust basis from which to determine the 'property value', since it allows valuers to detect market speculation by using market data and therefore to contextualise the market value in the market cycle.

From the market value and in full alignment with the Article 229 CRR requirements, it is then possible to derive the 'property value' based on an adjustment to the market value. The combination of the use of the market value as the robust basis for the adjustment and the adjustment itself supports a 'sustainable' value and contributes to the target of the property value not being higher than the market value. This adjusted market value approach is furthermore entirely aligned with the European Banking Authority's (EBA) "Policy Advice on the Basel III Reforms: Credit Risk Standardised Approach and IRB Approach".

The EBA makes two specific recommendations/commitments relating to collateral valuation:

1. The EBA recommends that institutions account for relevant environmental factors in the *prudent valuation* of immovable property collateral. In particular, institutions should consider making necessary adjustments when the current market value of the collateral does not adequately address relevant risks associated with environmental factors that *could affect the sustainability of the market value of the property over the life of the exposure.* These considerations should include climate-related transition risk and physical risk, as well as other environmental risks, and should cover valuation at origination, re-valuation and monitoring, whenever relevant for current market values *and sustainable market values* over the life of the exposure.

2. The EBA will continue monitoring how environmental factors and broader ESG factors are reflected in the value of collateral, with due consideration of national specificities that may exacerbate environmental risks.

5.2.2 Methodological considerations for the market value adjustment

Based on the research undertaken within the industry and for reasons of *practicability* and proportionality, the mortgage and valuation industries are of the view that this adjustment should be determined at an aggregate geographical and market segment level, by, for example an independent entity within a financial institution, a well-established and independent authority or organisation, or another appropriate well-established and independent body, with national market oversight, using relevant observable market data to identify whether current market values are above long-term trends, providing evidence of the adjustment to market values which would be appropriate.

In order to ensure appropriate risk sensitivity and to account for the differences between and within property segments at national level, the adjustment approach should enable a sufficient level of flexibility as regards its components and parameters.

5.2.3 Independence of the valuer

As market value will continue to be delivered by an independent valuer, this approach remains entirely aligned with the valuer independence requirements of Article 229 CRR. The adjustment ('property value') needs to be applied consistently across all lending, thus fulfilling the independence requirements automatically, independent of the executing individual.

5.2.4 Use of existing national methods that already fulfil the requirements of Article 229

If other methods/value concepts already exist at national level or based on best practices and international valuation standards that can serve as the starting point for meeting the requirements of Article 229 CRR, e.g. mortgage lending value, then these can be used as an alternative to the market value with adjustment.

5.3 Market Value and articulation of environmental , social and governance risk (ESG-risk)

The Capital Requirements Regulation (CRR) (Article 4(76)) defines 'market value' as: 'for the purposes of immovable property, the estimated amount for which the property should exchange on the date of valuation between a willing buyer and a willing seller in an arm's-length transaction after proper marketing wherein the parties had each acted knowledgeably, prudently and without compulsion'.

By definition, therefore, the independent valuer 'marks to market', meaning that the market value is a 'point in time' value. The market value is not and can never be 'sustainable' over the lifetime of a loan.

It is however the case that where the market is reflecting value and risk drivers linked to property characteristics related to ESG factors, the valuer's opinion of market value will also reflect these drivers on a reference date, to the extent of course that there is data, transparency and clear/consistent evidence in the market. The presence or absence of relevant property characteristics may be reflected by the independent valuer in the valuation as a driver of a higher value or taken account of via a discount. It is worth noting that the valuation profession and financial institutions are also seeking, individually and in cooperation, to deliver guidance, advice and tools aimed at further enhancing the articulation of environmental and climate-related factors in collateral valuation through a variety of different initiatives, including the Energy Efficient Mortgages Initiative[1], the RICS Leaders Forum ESG Data List[2] and the IVSC Perspectives Paper on ESG & Real Estate Valuation[3]. (ESG = Environmental, Social and Governance.)

It is important to underline that a market value which takes account of ESG-factors remains a 'point in time' value and does not become a 'sustainable' value or a value which is sustainable over the lifetime of a loan.

---

[1] https://energyefficientmortgages.eu/wp-content/uploads/2021/07/EEM-Property-Valuation-Guidelines.pdf

[2] https://www.rics.org/news-insights/wbef/the-future-of-real-estate-valuations-the-impact-of-esg

[3] https://www.ivsc.org/esg-and-real-estate-valuation/

5.4 Conclusions

The market value remains a fundamental cornerstone of collateral valuation as a transparent, consistent and well-established valuation approach, which has been applied by the valuation and mortgage industries across Europe and beyond for decades. The market value allows valuers to detect market speculation by using market data and to contextualise the market value in the market cycle.

The introduction by the Basel Committee on Banking Supervision (BCBS) of the concept of a 'property value' which has since been transposed into the CRR, delivers the following 'sequence' in the collateral valuation process, which ensures robustness, transparency, as well as appropriate prudence and sustainability of values, therefore also responding to the recommendations made by the EBA:

The 'point in time' market value of the property is determined by the independent valuer, taking account of all relevant drivers of value, including ESG-related considerations. This market value is then subject to an adjustment, as per the Basel requirements and enshrined in the CRR, to achieve a 'property value' which is intended to be more prudent and sustainable over the life of the loan. It is important to note that this 'property value' should not be interpreted as necessitating any additional 'discount' linked to ESG considerations; rather it should be interpreted as an adjustment, where appropriate, based on relevant observable market data to identify whether current market values are above long-term trends.

In line with the monitoring, review and revaluation requirements of the CRR, the 'property value' may be subject to downwards adjustments ex-post via a revaluation, if ESG-related considerations (or indeed any other considerations) indicate that the property value may have declined materially relative to market prices at that time. At the same time, where a climate or environmental-related modification to a property increases its value, this can be reflected in an upward revision of the 'property value' beyond the average value ceiling linked to revaluation, where appropriate and relevant.

The banking industry firmly believes that the distinctions and clarifications outlined above are fundamental in any discussion around collateral valuation and specifically in relation to ESG risks and collateral valuation and should be foremost in future discussions on this topic in relation to the prudential framework and in any other relevant regulatory or supervisory context.

6. Värderingspolicy i fastighetsbolag

Christina Gustafsson

6.1 Inledning

I detta kapitel kartläggs hur fastighetsbolag av olika slag har valt att utföra värderingar av sina förvaltningsfastigheter. Bakgrunden till denna kartläggning är min medverkan i ett uppdrag som BREC gjorde våren 2023, se Finansinspektionen (2023). Här kommer jag att delvis återanvända och komplettera den studie som gjordes då, vilken då endast omfattade noterade fastighetsbolag på börsens huvudlista. Kompletteringen avser hur värdering görs i ett urval av fastighetsbolag utanför den noterade sektorn samt att uppdatering görs till och med årsbokslutet för 2023. Urvalet har begränsats till sådana företag som publicerar transparent information och tillämpar IFRS-rapportering med kvartalsrapporter som innebär att grundläggande fakta kan inhämtas för jämförelse med de börsnoterade bolagen. Fastighetsbolagen har i analysen nedan indelats i noterade (36 bolag), institutionellt ägda (9 bolag) och statligt ägda (3 bolag).

Först beskrivs kort regelverket som ligger till grund för redovisning av fastigheter till verkligt värde (marknadsvärde). Därefter följer en sammanställning över vilka varianter av värderingspolicyer hos fastighetsbolagen som har identifieras. Slutligen följer analys av vilken värderingspolicy som de olika typerna av fastighetsbolag tillämpat och redovisat i sina finansiella rapporter och utvecklingen under den studerade perioden från 2019 till 2023.

6.2 Regelverk kring värdebegrepp och fastighets-värdering för rapportering

Fastigheter som enligt redovisningsstandarden IAS 40 från International Financial Reporting Standards (IFRS) klassificeras som förvaltningsfastigheter ska redovisas till verkligt värde och detta sker direkt i koncernredovisningens balansräkning vid val av verkligt värde-modellen i denna standard. Dessa redovisningsregler infördes från och med 2005 och samtliga fastighetsbolag på stockholmsbörsen har valt denna modell. Beträffande värdebegreppet verkligt värde, så hänvisar IAS 40 i sin tur till IFRS 13. Där definieras begreppet som "det pris som vid värderings-tidpunkten[1] skulle erhållas vid försäljning av en tillgång eller betalas vid överlåtelse av en skuld genom en transaktion mellan marknadsaktörer under normala förhållanden". (IFRS 2023). Av IFRS 13 framgår vidare att det verkliga värdet är ett så kallat exit price och inte ett entry price, även om det skulle kunna sammanfalla i vissa situationer att dessa båda utmynnar i samma värde.

Värdebegreppet marknadsvärde för fastigheter finns definierat globalt av IVSC (International Valuation Standards Council) i standarden IVS - International Valuation Standards (IVS 2021 och en ny version IVS 2024 som gäller från och med 2025). Inom Europa finns också TEGoVA (The European Group of Valuers' Associations) som ger ut European Valuation Standards (EVS 2020). Organisationen RICS som ger ut Red Book om värderingsprinciper, hänvisar till IVS när det gäller värdebegreppet marknadsvärde (RICS 2021). Värderare, såväl de externa och interna som är verksamma i Sverige är i regel auktoriserade av organisationerna Samhällsbyggarna och/eller RICS. Samhällsbyggarna är i sin tur medlem i TEGoVA och därför kan värderare i sina värderings-

---

[1] Anmärkning: Borde egentligen ha uttryckts som värdetidpunkten (den tidpunkt vid vilken värdet gäller) vid översättningen av IFRS 13 till svenska. Detta framgår tydligt av definition av termen "valuation date" i International Valuation Standards (IVS).

utlåtanden hänvisa till två eller ibland tre olika standarder när det gäller marknadsvärde och värderingsprinciper (Gustafsson & Palm 2021).

Fastighetsvärderare, både externa och interna, bedömer fastigheternas marknadsvärde och fastighetsbolagen använder sedan dessa värden som underlag för verkligt värde i den finansiella rapporteringen, dels i balansräkningen som redovisat värde, dels i resultaträkningen som underlag för beräkning av posten orealiserad värdeförändring. Fastighetsbolagen behandlar värdebegreppen verkligt värde och marknadsvärde som synonymer och även RICS anser att värdebegreppen i praktiken ger samma värde. I EVS påpekas att enligt IFRS 13 ska ny användning vara tillåten vid värdering till "highest and best use", medan det i EVS anges att det räcker att ny användning kan vara sannolik för att sådan eventuell ny användning ska vara relevant för värderaren att beakta. Det skulle möjligen kunna innebära att marknadsvärdet i vissa fall skulle kunna vara högre än verkligt värde enligt EVS tolkning. Se vidare i Finansinspektionen (2023) kapitel 5 om värdebegrepp.

När det gäller finansiell rapportering krävs värdering av fastigheterna vid varje bokslut, vilket för de noterade fastighetsbolagen betyder varje kvartalsslut. I IAS 40 uppmuntras företagen att basera förvaltningsfastigheternas verkliga värde på värderingar av oberoende värderare med erkända och relevanta kvalifikationer och med aktuella kunskaper i värdering av fastigheter av den typ och med det läge som är aktuellt, men det ställs inget kvar på extern medverkan vid värdering.

IFRS tillämpas av noterade bolag på Stockholmsbörsens huvudlista, men även av företag som har upplåning via kapitalmarknaden och därför har noterade värdepapper, vilket gäller de tre största statligt ägda fastighetsbolagen. Flera av de stora fastighetsbolag som ägs av institutionella ägare som bl.a. AP-fonderna tillämpar också som regel IFRS.

European Public Real Estate Association (EPRA) är en branschförening i Europa för noterade fastighetsbolag som ger ut rekommendationer som publiceras i Best Practices Recommendations Guidelines

(2022). Där rekommenderas att externa värderingar görs åtminstone årligen av hela fastighetsportföljen. Det anges också att det bör framgå av rapporteringen vilket värderingsföretag som anlitas samt att värderingar ska utföras i enlighet med International Valuation Standards (IVS), dvs marknadsvärdet ska bedömas. Att ange att en värdering är utförd helt i enlighet med IVS innebär också att värderaren ska ha beaktat vad som framgår om vilken eller vilka värderingsmetoder som på bästa sätt leder till en bedömning av relevant värdebegrepp. I en aktiv marknad är detta sannolikt en ortsprismetod/transaktionsbaserad metod, men i mindre aktiva marknader behövs sannolikt kompletterande metoder i olika utsträckning för att det bedömda värdet ska uppfylla vad definitionen av marknadsvärde anger att värderaren ska komma fram till.

Global Investment Performance Standards (GIPS), som även inkluderar fastigheter sedan 2005, ges ut av CFA Institute - Chartered Financial Analyst (CFA). Även där ställs krav på externa oberoende värderingar av fastigheterna årligen, men uppdatering krävs av mark-nadsvärdet kvartalsvis, vilket kan utföras internt eller externt, se CFA Institute (2020). GIPS tillämpas av sk. investment managers/asset managers, dvs fonder och onoterade innehav.

När det gäller försäkringsföretag och tjänstepensionsföretag finns regelverket i Finansinspektionens författningssamling (2023). Där anges att verkligt värde för fastigheter är det pris som skulle uppnås på balansdagen vid en frivillig, offentligt utbjuden försäljning på en marknad som tillåter försäljning i normal ordning och där det ges skälig tid för förhandlingar. Försäljningsvärdet ska åtminstone fastställas årligen genom en individuell värdering. Något krav på extern medverkan vid värdering ställs inte, men för större institutionella ägare av detta slag har detta ändå blivit praxis sedan länge att fastighetsvärderingar utförs av oberoende värderare i vart fall vid årsbokslut.

Många fastighetsföretag hänvisar också i sina årsrapporter att värderingar görs i enlighet med riktlinjer från Svenskt Fastighetsindex, IPD eller MSCI, vilka första gången publicerades 1997 när fastighets-index introducerades i Sverige. Dessa riktlinjer finns numera i en vägledning för Sverige utgiven RICS (2016) i samarbete med Samhälls-byggarnas värderarsektion. Vägledningen innehåller bl.a. värdebegrepp och definitioner som ska tillämpas samt vilka krav som ställs på den information värderaren ska tillhandahållas, att besiktning av fastigheten ska ske minst vart tredje år och vad värderingsutlåtandet slutligen ska innehålla. I värderingsutlåtandet ska bland annat framgå att värderingen är utförd i enlighet med RICS standarder. IVS som nämndes ovan, ingår som en del i RICS standarder.

6.3 Värderingspolicy

Följande fyra värderingspolicyer har identifierats utifrån finansiella rapporter.

1. Helt extern – extern värdering sker av alla fastigheter varje bokslut.
2. Kombination – extern och intern värdering:
   2a. Extern värdering av alla fastigheter sker vid något bokslutstillfälle (företrädesvis årsbokslut) och intern värdering vid övriga bokslut.
   2b. Extern värdering av ett urval av fastigheter, i regel rullande över året så att alla fastigheter blir externvärderade någon gång under året, medan övriga fastigheter värderas internt.
3. Intern värdering av alla fastigheter varje bokslut och extern värdering av ett urval av fastigheter som stöd. Det internt framtagna värdet läggs till grund för verkligt värde.
4. Helt intern värdering.

6.4 Noterade fastighetsbolag

Studien omfattar samtliga renodlade fastighetsbolag på Stockholms-börsens huvudlista. Dessa utgör i slutet av år 2023 totalt 36 bolag med ett totalt innehav om 9 800 förvaltningsfastigheter med ett verkligt värde på cirka 1 250 miljarder kr. Av fastighetsvärdet avser 22 procent fastig-heter belägna utomlands. Däremot ingår inte företagens intressebolag eller joint ventures, som i vissa fall har ett omfattande innehav av fastigheter, men som fastighetsbolagen enligt reglerna inte får inkludera (konsolidera) i koncernredovisningen som förvaltnings-fastigheter. I studien ingår inte heller börsnoterade byggföretag och bostadsutvecklare med visst fastighetsinnehav som Skanska, JM, Bonava, Besqab m.fl. vilka i andra sammanhang räknas till fastighetssektorn. Därutöver finns det drygt 30 fastighetsbolag med aktier noterade på alternativa listor som Nasdaq First North, Spotlight och Nordic Growth Market (NGM), vilka heller inte kartlagts närmare.

Antalet noterade fastighetsbolag på huvudlistan har under tjugo år (sedan 2005 då IFRS infördes), tredubblats när det gäller antalet (från 12 till 36 stycken), medan förvaltningsfastigheternas samlade värde samtidigt tiodubblats (från 121 till cirka 1 250 miljarder kr). Fastighetsbolagens andel av det totala börsvärdet har också ökat under denna period. Fastighetsbolagen utgjorde 2005 endast cirka 2 procent av börsvärdet, medan andelen 2022 utgör cirka 5 procent (Nordanö 2023).

För värderingspolicyer 1, 2a och 2 b (enligt beskrivning i avsnitt 6.3) används externa värderingar som utgångspunkt för verkligt värde, medan vid värderingspolicyer 3 och 4 utgör det internt framtagna värdet grunden för rapporterat verkligt värde. Antalet fastighetsbolag som under 2023 tillämpar de olika värderingspolicyerna med varierande grad av extern medverkan vid värdering, visas i figur 6.1. Nio bolag genomför konsekvent externa värderingar vid varje kvartalsbokslut under 2023. Vanligast är en kombination av externa och interna värderingar (2a och 2b). Endast ett av fastighetsbolagen gör sina värderingar helt internt.

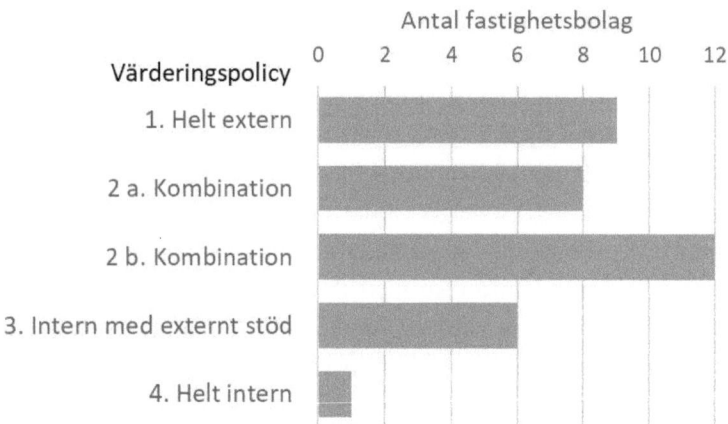

Antal fastighetsbolag

Värderingspolicy

Figur 6.1 Värderingspolicy under 2023 bland 36 noterade fastighetsbolag på Stockholmsbörsens huvudlista. Förklaring till de olika värderingspolicyer ges i texten ovan. Källa: Egen bearbetning av finansiella rapporter.

Exempel på vilka fastighetsbolag från börsens huvudlista för 17 stora fastighetsbolag (large cap) som tillämpar de olika värderingspolicyerna under 2023 är följande:

1. Helt extern – Nyfosa, SBB och Sagax
2. Kombination extern och intern
   2a. Extern vid något bokslut - Fastpartner, NP3 och Wihlborgs
   2b. Rullande extern andel över kvartalen – Atrium, Diös, Ljungberg, Corem och Fabege
3. Intern med externt stöd – Balder, Castellum, Catena, Hufvudstaden, Pandox och Platzer
4. Helt intern – Wallenstam

Hur stor del av förvaltningsfastigheternas verkliga värde som värderats externt respektive internt under de senaste fyra åren framgår av figur 6.2. Per årsbokslut i december 2023 värderades 55 procent externt och 59 procent internt. Det innebär att 14 procent värderades dubbelt, vilket görs av de fastighetsbolag som tillämpar värderingspolicy enligt modell 3

77

ovan, dvs intern värdering med externt stöd. De fastigheter som värderats dubbelt har som regel rapporterats på basis av den interna värderingen.

Andelen av fastighetsbeståndet som värderas externt är högre vid årsbokslut än under de tre första kvartalen för respektive år, se figur 6.2. Andelen externa värderingar är som regel allra lägst i första kvartalet, ökar i andra kvartalet och faller åter i tredje kvartalet. Vid kvartalsboksluten under 2023 ligger externa värderingar som direkt underlag för som minimum 31 procent av det samlade verkliga värdet, vilket gäller första kvartalet. Men i jämförelse med de första åren efter att IFRS infördes 2005 har de externa värderingarna ökat i omfattning och även blivit avsevärt mer jämnt fördelade över kvartalsbokslutet.

Den externt värderade andelen av fastighetsbeståndet vid årsbokslut har stigit från 51 procent i slutet av 2019 till 61 procent i slutet av år 2022, men har därefter sänkts till 55 procent i slutet av år 2023. Samtidigt har dock antalet börsbolag ökat från 27 till 36 under den analyserade perioden på fyra år. Den lägre andelen externvärderingar i december 2023 jämfört med december 2022 kan härledas till att flera av de större fastighetsbolagen (som Atrium Ljungberg, Balder, Castellum, Diös, Fabege och Pandox) utfört extern värdering av en mindre andel av portföljen vid senaste årsskiftet. Sedan har ju SBB som konsekvent externvärderat alla fastigheter under år 2023 närapå halverat sin portfölj av förvaltningsfastigheter, vilket också påverkar det samlade genomsnittet för extern värdering.

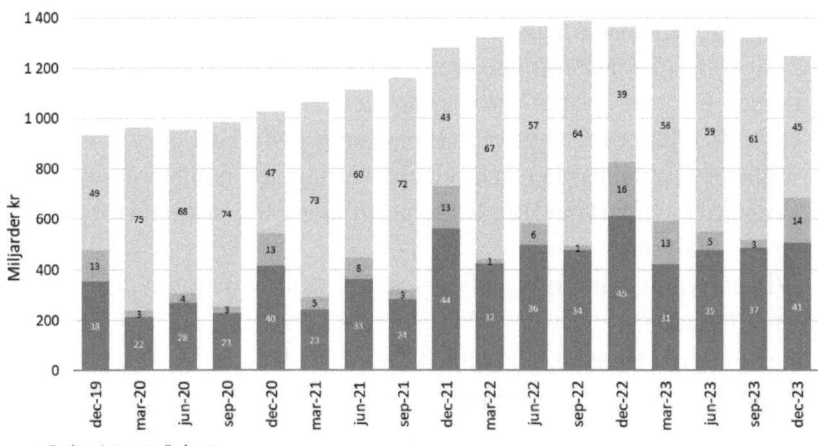

Endast internt värderat

Externt värderat som stöd när internt bedömt värde är underlag för verkligt värde, dvs dubbelt värderat

Externt värderat och det externa värdet är underlag för verkligt värde

Figur 6.2 Värdering och rapportering av förvaltningsfastigheter i noterade fastighetsbolag på Stockholmsbörsens huvudlista. Exkluderar innehav av JV och intressebolag. Inkluderar uppköpta fastighetsbolag utan att dubbelräkning görs för tiden fram till avnotering skett. Siffran i stapeln anger andelen i procent av värdet. Källa: Egen bearbetning av finansiella rapporter.

Majoriteten av de verkliga värdena för noterade fastighetsbolag, 59 procent, baseras således på företagens interna värdering vid årsbokslutet 2023, vilket är högre jämfört med årsskiftet innan då andelen var 55 procent. I december 2019 baserades 62 procent av värdet på interna värderingar. I många av fastighetsbolagen genomförs externa värderingar för ett urval av fastigheter löpande över året, varför drygt 80 procent av fastighetsbeståndet blivit föremål för extern värdering vid någon tidpunkt under 2023. Även denna siffra har stigit under perioden då den var 70 procent för kalenderåret 2020.

6.5 Fastighetsbolag ägda av institutioner

Urvalet i studien av institutionellt hel- eller delägda fastighetsbolag består av Heimstaden Bostad, Hemsö, Intea, Rikshem, Stenvalvet,

79

Trophi, Vacse, Vasakronan och Willlhem. Det är företag som sammantaget äger drygt 4 000 fastigheter med ett fastighetsbestånd på drygt 750 miljarder kr, varav cirka 490 miljarder är fastigheter belägna inom Sverige. Institutionellt ägda dotterbolag som AMF Fastigheter, Skandia Fastigheter, Humlegården och Alecta Fastigheter publicerar inte lika frekvent (per kvartal) med tillräcklig information för att kunna inkluderas i den här analysen.

Vilken typ av värderingspolicy som dessa nio bolag tillämpar under 2023 är följande:

1. Helt extern – Heimstaden och Rikshem[2]
2. Kombination extern och intern

   2a. Extern vid något bokslut - Intea, Stenvalvet, Trophi, Vacse, Vasakronan och Willlhem

   2b. Rullande extern andel över kvartalen - Hemsö[3]

I figur 6.3 illustreras samlat för de nio bolagen hur värderingar görs och rapportering sker. Det här är den grupp av företag som mest frekvent använder sig av externa värderingar som underlag för redovisning. Inför årsbokslutet 2023 har 99 procent av fastighetsvärdet bedömts externt och det utgör också det värde som slutligen lagts till underlag för verkligt värde. Även vid halvårsskiftet juni 2023 var andelen externa värderingar dominerande, 88 procent. En markant ökning har skett över den studerade perioden, dels genom att den externa andelen vid årsboksluten ökat, dels att externa värderingar i allt högre grad sker även vid kvartalsboksluten. Sedan årsbokslutet 2022 har de externa värderingar som genomförts också varit den huvudsakliga basen för verkligt värde och inte som tidigare delvis utgjort underlag för företagets egna interna

---

[2] Rikshem värderar dock sina projekt/byggrätter, som utgör en mindre del av portföljen, både internt och externt, men det är slutligen det interna värdet som då används i rapporteringen av verkligt värde.

[3] Hemsös rapportering om vilket värde, det externa eller det interna, som slutligen läggs till grund för verkligt värde är något otydlig.

värderingar. Det innebär att i stort sett ingen dubbelvärdering längre sker utan bolagen förlitar sig på den externa bedömningen av fastigheternas värde för redovisningen. Vid kvartalsboksluten sker dock kompletterande interna värderingar av resterande fastigheter som inte har externvärderats.

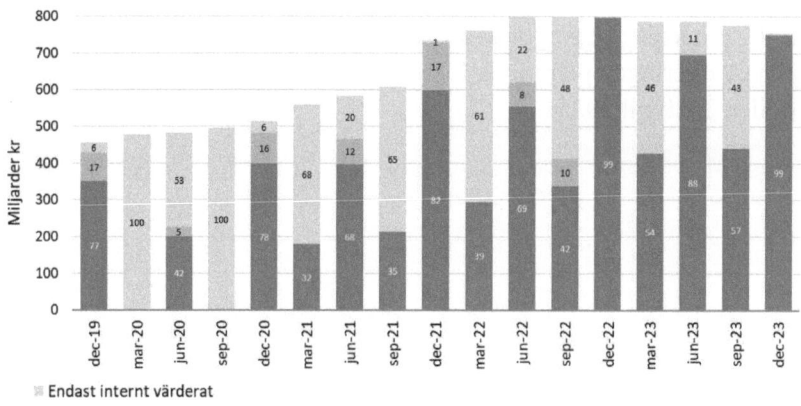

░ Endast internt värderat

░ Externt värderat som stöd när internt bedömt värde är underlag för verkligt värde, dvs dubbelt värderat

░ Externt värderat och det externa värdet är underlag för verkligt värde

Figur 6.3 Värdering och rapportering av förvaltningsfastigheter i nio institutionellt ägda fastighetsbolag. Exkluderar innehav av JV och intressebolag. Siffran i stapeln anger andelen i procent av värdet. Källa: Egen bearbetning av finansiella rapporter.

6.6 Fastighetsbolag ägda staten

Urvalet består av Akademiska Hus, Jernhusen och Specialfastigheter som har ett samlat fastighetsbestånd på drygt 1 000 fastigheter värda nära 180 miljarder kr. De tillämpar alla tre en värderingspolicy enligt modell 3 ovan som innebär att intern värdering av alla fastigheter sker varje kvartal och extern värdering görs vid årsbokslutet av ett urval av fastigheter som stöd för den interna värderingen. Akademiska Hus har dock

81

angivit att de externa värderingarna har skett löpande under kalenderåret, men anger inte någon fördelning av dessa per kvartal. Det är slutligen det internt framtagna värdet som generellt läggs till grund för verkligt värde i redovisningen.

I figur 6.4 illustreras hur värderingar utförs i de statligt ägda bolagen. Inte vid något tillfälle under perioden baseras det verkliga värdet direkt på externa värderingar. Inför årsbokslutet 2019 till 2023 har mellan 43 och 48 procent av fastighetsvärdet bedömts externt som stöd för den interna värderingen och ingen förändring har skett under den studerade perioden 2019 till 2023.

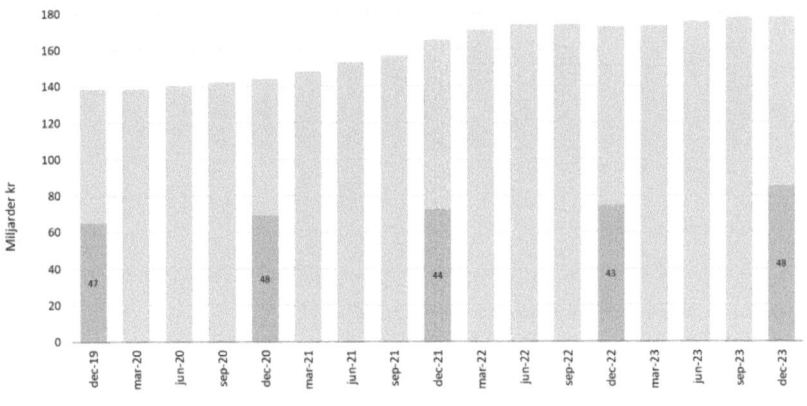

Endast internt värderat

Externt värderat som stöd när internt bedömt värde är underlag för verkligt värde, dvs dubbelt värderat

Figur 6.4 Värdering och rapportering av förvaltningsfastigheter i tre statligt ägda fastighetsbolag. Exkluderar innehav av JV och intressebolag. Siffran i stapeln anger andelen i procent av värdet. Källa: Egen bearbetning av finansiella rapporter.

6.7 Slutsatser

Följande slutsatser kan dras från studien:

- Alla studerade fastighetsbolag gör individuella värderingar av alla sina fastigheter vid varje kvartal för den finansiella rapporteringen, som görs i enlighet med IFRS med IAS 40 och IFRS 13.

- Helt extern värdering vid varje kvartalsbokslut (modell 1) tillämpas under 2023 av 9 av 36 börsnoterade fastighetsbolag och 2 av 9 institutionellt ägda fastighetsbolag.

- Vanligast förekommande är olika kombinationer av intern och extern värdering, där andelen extern värdering varierar över året. Antingen görs extern värdering av alla fastigheter vid något bokslutstillfälle (företrädesvis årsbokslut) och intern värdering vid övriga bokslut (modell 2a). Alternativt görs extern värdering av ett urval av fastigheter, i regel rullande över kvartalen så att alla fastigheter blir externvärderade någon gång under året, medan övriga fastigheter värderas internt (modell 2b). Någon av dessa två kombinationer tillämpas av 20 av 36 börsnoterade fastighetsbolag och 7 av 9 institutionellt ägda fastighetsbolag. Kännetecknande för dessa företag är att de använder de externa värderingarna som utgångspunkt för de rapporterade verkliga värdena i rapporteringen. Dessutom nyttjas de externa värderingarna som stöd för interna värderingar av resterande fastigheter.

- En annan policy för värdering är att låta externvärdera ett urval av fastigheter som stöd för bolagets egen interna värdering (modell 3). Detta förfarande tillämpas av 6 av 36 noterade fastighetsbolag och samtliga 3 statligt ägda fastighetsbolag i studien. Den här modellen innebär dock alltid att det är de internt framtagna värden som utgör grundvalen för verkligt värde.

- Att värdera alla fastigheter vid varje kvartal helt internt görs endast av ett noterat fastighetsbolag på börsens huvudlista.

- EPRA:s rekommendation om att externa värderingar åtminstone ska ske årligen av hela fastighetsportföljen åtföljs av 28 av 36 noterade fastighetsbolag.

- Andelen externa värderingar vid årsbokslut och kvartalsbokslut har ökat under den studerade perioden 2019 till 2023, både för fastighetsbolag i den noterade sektorn och bland de institutionellt ägda fastighetsföretagen. En viss minskning av extern medverkan i värderingar har dock skett under 2023 jämfört med 2022 för de noterade bolagen, men tvärtom för de institutionellt ägda fastighetsföretagen.

- Däremot kan ingen förändring under perioden skönjas hos de statligt ägda fastighetsbolagen, där interna värderingar fortsatt är dominerande. De statliga bolagen låter värdera ett urval av fastigheter externt vid årsskiftet och dessa värderingar används sedan endast som stöd för sin egen interna värdering av alla fastigheter i beståndet.

Man kan bara spekulera kring orsaker till att externa värderingar har ökat för noterade och institutionellt ägda sektorn under de senaste fyra åren åren. En orsak torde vara den nedgång som skett på fastighetsmarknaden 2022 till 2023 och prisfallet för fastighetsaktier redan under 2021, vilket medfört större osäkerhet om värden och att investerare och andra intressenter som långivare därmed i allt högre grad efterfrågar fastighetsvärdering från en oberoende part. En bidragande orsak är också att flertalet av de under senare år tillkommande fastighetsbolagen, som är relativt små, i högre grad har valt att använda sig av extern expertis för fastighetsvärdering.

Det är lite anmärkningsvärt att några fastighetsföretag (Heba, Logistea och Rikshem) som externvärderar huvuddelen av sina fastigheter ändå väljer att internvärdera just sina pågående projekt/ byggrätter internt – utan särskild motivering. Det är fastigheter som dels får anses vara de mest svårvärderade i en nedåtgående marknad med vikande efterfrågan, dels kan en oberoende värdering vara särskilt viktigt för projektfastigheter för att förhindra att företagets interna intressen blir

84

styrande för värdet. Wallenstam gör å andra sidan tvärtom, väljer att externvärdera endast sitt innehav av mark och byggrätter.

Trots rekommendationer om att oberoende externa värderingar ska göras åtminstone en gång per år enligt standarder från EPRA och GIPS, är det således långt ifrån alla företag som följer dessa rekommendationer. Detta förhållande kommenteras heller inte av företagens granskande revisorer, som är neutrala i frågan huruvida värderingar bäst görs internt av fastighetsföretaget eller av oberoende expertis.

Förbättringspotential finns vad gäller företagens redovisning när det gäller att tydliggöra vad de verkliga värdena baseras på, hur stor andel av portföljen som värderats av oberoende extern värderare och huruvida dessa externt bedömda värdena sedan lagts till grund för verkligt värde i redovisningen eller eventuellt slutligen justerats av ledningen. När det gäller företag som värderar enligt värderingspolicy 3 – intern värdering med ett urval om värderas externt som stöd – vore det ur trovärdighetssynpunkt önskvärt att en utvärdering redovisas av skillnader i värde för fastigheter som värderats dubbelt och att en motivering ges till varför företaget som regel ändå väljer att använda sig av sin interna bedömning i stället för den externa.

Vidare saknas generellt i värderingsbranschen en tydlig avgränsning för vad som får åberopas som en extern värdering. Det borde ifrågasättas om det egentligen är en extern värdering då fastighetsföretagen i sin redovisning anger att en extern "uppdatering" av årsskiftesvärderingarna gjorts kvartalsvis av värdena, fastigheterna har värderats i form av "desktopvärdering" eller att den externa medverkan utgörs av en "second opinion" på de interna värdena. De två första exemplen på värderingsförfarande har i min analys ovan räknats som extern värdering, dock inte den sista modellen. Se vidare i avsnitt 7.2 hur Nämnden för Svensk Redovisningstillsyn kommenterat rapportering av extern värdering av typ second opinion.

Referenser

CFA Institute (2020). Global Investment Performance Standards (GIPS), tillgänglig på cfainstitute.org/-/media/documents/code/gips/2020-gips-standards-firms.pdf

Dagens industri (2022). Fastighetsrävar får chans till revansch. 2022-06-21

EPRA (2022). EPRA Best Practices Recommendations Guidelines February 2022, tillgänglig på: epra.com/finance/financial-reporting/guidelines

EVS (2020). European Valuation Standards, 9th Edition, TEGoVA, tillgänglig på:a6048c931cdc93_TEGOVA_EVS_2020_digital.pdf

Finansinspektionen (2022). Finansinspektionens föreskrifter och allmänna råd om årsredovisning i försäkringsföretag och tjänste-pensionsföretag FFFS 2019:23.

Finansinspektionen (2023). Fördjupad analys om fastighetsvärdering i extern redovisning. fi.se/sv/publicerat/nyheter/2023/rapport-om-fastig-hetsvardering-i-borsnoterade-fastighetsforetag/

Gustafsson C., Palm P. (2021). Fastighetsnomenklatur. Fastighets-ekonomi och Fastighetsrätt. Bilaga III. Studentlitteratur.

IASB (2023). IFRS Accounting Standards 2023 Part A – Required Standards and the Conceptual Framework for Financial Reporting, International Accounting Standards Board:

   IAS 40 – Investment Property (Förvaltningsfastigheter)

   IFRS 13 – Fair Value Measurement (Värdering till verkligt värde)

IVS (2021). International Valuation Standards - Effective from 31 January 2022, International Valuation Standards Council.

Nordanö (2023). Property shares in turbulent times. What do we know? How can we act? nordanopartners.com/research-reports/

RICS (2016). Application of the RICS Valuation – Professional Standards in Sweden. RICS professional guidance 1st edition, April 2016. Client Guidelines: Valuation for the Property Index and Financial Reports (developed in cooperation with Samhällsbyggarna)

RICS (2021). RICS valuation – global standards. RICS professional standards and guidance (Red book) – Effective from 31 January 2022. The Royal Institution of Chartered Surveyors.

7. Kritik mot företags värderingar av fastigheter i årsredovisningar

Hans Lind

7.1. Inledning

Sedan ett antal år ska börsnoterade företag och vissa andra större företag årligen redovisa verkliga värdet (marknadsvärdet) på sina förvaltningsfastigheter[1] i balansräkningen. Detta gäller för förvalt-ningsfastigheter som ingår i IFRS[2]-regelverket om företaget valt den så kallade verkligt värde-modellen i redovisningsstandarden IAS 40. De svenska fastighetsbolagen som följer IFRS har, liksom de flesta bolag i Europa, valt denna redovisningsmodell. Förändringar i verkligt värde ska då redovisas som del av det årliga resultatet.

Årsredovisningar granskas av företagets revisorer. Som framgått av Nordlund (2021) utförs revisorernas granskning av fastighetsvärdena i många fall på ett sätt som skulle kunna innebära risk för så kallad "anchoring" eller "confirmation bias". Detta skulle i sin tur kunna innebära ett så kallat "management bias" när det gäller värderingarna, det vill säga att management styr värderingarna i önskad riktning från deras eget perspektiv i viss utsträckning. Företags årsredovisningar granskas emellertid också av Nämnden för Svensk Redovisningstillsyn (www.redovisningstillsyn.se) i fortsättningen kallad Nämnden.

---

[1] Förvaltningsfastigheter är fastigheter som innehas i syfte att erhålla hyresintäkter och/eller värdestegring.
[2] International Financial Reporting Standards

Under 2023 intresserade sig även Finansinspektionen för hur fastighetsbolag värderade sina fastigheter och rapporten "Fördjupad analys om fastighetsvärdering i extern redovisning" (Nordlund, Gustafsson och Lind 2023) skrevs på uppdrag av Finansinspektionen. Bakgrunden var bland annat att den Europeiska övervaknings-myndigheten ESMA[3] pekade ut olika prioriteringsområden när tillsynsmyndigheterna i EU skulle granska företagens finansiella rappor-tering för 2023. Förvaltningsfastigheter tillhörde ett av de prioriterings-områden som angavs i direktiven från ESMA.

I detta kapitel sammanfattas de synpunkter på värderingar som Nämnden kommit med under senare år. Synpunkterna är grupperade kronologiskt. Kapitlet avslutas med några mer övergripande reflektioner.

Det bör noteras att samtliga av Nämndens anmärkningar som redovisas nedan bedömts som "ringa överträdelse" och enda kravet är att företaget ska förbättra redovisningen kommande år.

7.2. Nämndens synpunkter från innan pandemin

Den kritik som framkom under denna tidsperiod handlade främst om att företaget i fråga inte redovisat vissa antaganden som en användare av årsredovisningen kan förväntas vilja veta för att kunna bedöma företaget.

I utlåtandet 09_2019 efterlystes bättre redovisning av vilka antaganden som gjorts om vakanser i värderingen. I utlåtandet 02_2020 pekade man på brister i redovisningen av antaganden om hyresnivå och hyresutveckling. I utlåtande 04_2020 efterlystes bättre information om alla dessa variabler samt om antaganden om driftkostnader. Liknande kritik framförs i utlåtandet 07_2020. Jag tolkar det som att nämnden anser att när företaget anger att det använder en kassaflödesmetod är det särskilt viktigt att redovisa information på dessa punkter.

---

[3] ESMA betyder Europeiska värdepappers- och marknadsmyndigheten. ESMA är en oberoende EU-myndighet som ska stärka investerarskyddet och främja stabila och korrekt fungerande finansmarknader.

En aspekt som tas upp i flera utlåtanden (04_2020, 07_2020, 26_2020) är att Nämnden har kritik mot den indelning av fastigheter som gjorts och hur information redovisats för olika grupper av fastigheter. Om företaget använder för grova eller för heterogena grupper så blir det enligt Nämnden svårt att bedöma rimligheten i de antaganden som görs. Är det en bred/heterogen grupp så blir det stora intervall för de avkastningskrav som gjorts, men detta kan även gälla andra antaganden som hyresnivåer, driftnetton m.m. Man kan anta att Nämnden vill att fastigheter grupperas så att det i varje grupp är liten spridning i avkastningskrav och/eller i förväntad utveckling för kassaflödet.

I ett utlåtande 26_2020 framförs kritik för att företaget ifråga inte redovisat vilken värderingsmetod som använts för en fastighet med en icke färdigställd byggnad. Informationen finns i förvaltningsberättelsen, men metoden bör även redovisas i samband med att fastighetsvärdena redovisas. (Den metod som använts var att bedöma värdet av fastigheten när byggnaden var färdigställd och sedan dra av återstående projektkostnad).

I utlåtandet 11_2021 kritiseras ett företag för dålig information om vad en "second-opinion" vid fastighetsvärdering egentligen är. Företaget behandlar en intern värdering med en second-opinion som om det vore en extern värdering. Nämnden hade dock kontaktat företaget som givit en second-opinion och de menade att en second-opinion innefattar färre moment än om de haft uppdraget att göra en fullständig (extern) värdering. Denna skillnad framgår dock inte i årsredovisningen.

I flera av utlåtanden från senare perioder finns liknande kritik om brist på redovisning av antaganden och att indelningen av fastighetsbeståndet inte gjort på ett sätt som underlättat för användare av årsredovisningen (t.ex. 32_2021, 22_2022, 2_2023). Jag kommer dock nedan enbart redovisa andra synpunkter än de som rör dessa båda punkter.

7.3. Nämndens synpunkter kopplade till covid-pandemin

I utlåtandet 31_2021 tar Nämnden upp hur det aktuella fastighetsbolaget hanterat utvecklingen under pandemin. Nämnden lyfter fram att osäkerheten ökat och att det varit få transaktioner. Bolaget har angett att effekterna av pandemin inte går att bedöma och att man därför inte gjort några justeringar av värden. I bl.a. kontakter med företaget har framkommit att externa värderare i andra länder har höjt avkastningskravet med hänvisning till bestående effekter av covid-19. Nämnden anser att företaget inte motiverat tillräckligt tydligt varför företaget enbart redovisat en mindre värdenedgång, dvs höjt avkastningskravet med mindre än vad ovannämnda externa värderare ansett motiverat.

Denna synpunkt liknar i hög grad de synpunkter som framförts under senare år och som redovisas nedan. I båda fallen handlar det om negativa händelser i ekonomin och hur företaget beaktat detta i sina värderingar.

7.4. Nämndens synpunkter kopplade till ökad inflation och nedgång i ekonomin

I synpunkterna från senare år återkommer kritik om att underliggande antaganden inte redovisats tillräckligt tydligt och att indelningen av fastigheter i grupper inte är gjord på ett sätt som underlättar för användare. I ett par utlåtanden (4_2023, 1_2024) framförs också kritik mot ett företag som redovisat en orealiserad värdeökning genom omvärdering av byggrätter utan att företaget redovisat vilken värderingsteknik som använts.

De huvudsakliga synpunkter som framförs i flera utlåtanden (13_2023, 14_2023, 1_2024, 3_2024) kan sammanfattas i följande punkter:

• Den bakgrund som beskrivs är ökad makroekonomisk osäkerhet. Inflationen har stigit och det noteras att den riskfria räntan stigit med cirka 2 procent. Dessutom har det varit en nedgång på transaktionsmarknaden vilket medför sämre evidens när det gäller prisutveck-

91

lingen på marknaden. Nämnden noterar vidare att fastighetsbolagens värde på börsen fallit väsentligt.

- De aktuella bolagen har bara ökat avkastningskraven med några tiondelar trots att den riskfria räntan stigit relativt kraftigt (en 10 årig statsobligation anges under 2022 ha ökat med 2 procent, från 0,3 till 2,3 procent). Nämnden efterlyser i flera utlåtanden motiveringar till detta. I något fall pekar de också på att företaget utan närmare motivering använt ett avkastningskrav som varit lägre än i observerade transaktioner. Ett annat företag får kritik för att de utan närmare motivering antagit att riskpremien är oförändrad.

- På motsvarande sätt efterlyser Nämnden redogörelser för hur företagen ser på sambandet mellan utvecklingen på börsen och underliggande fastighetsvärden.

- Kopplat till denna kritik är kritik om att bolagen inte diskuterat kopplingen mellan olika variabler. Inflationens effekt på (indexerade) hyror och driftnetton tas till exempel upp medan kopplingen mellan inflation, avkastningskrav och kalkylränta inte diskuteras.

- Flera av företagen har mer eller mindre tydligt sagt att de i högre grad använt en kassaflödesmetod och i mindre utsträckning använt en direktavkastningsmetod eller ortsprismetod. Nämnden saknar dock tydlig information om detta och - på motsvarande sätt som togs upp ovan - efterlyser Nämnden information om vilka antaganden som gjorts rörande de faktorer som väsentligt påverkar resultatet i kassaflödesanalysen. Bland annat hänvisar Nämnden till krav som framgår av IFRS 13 Värdering till verkligt värde i paragraferna B13 och B40. Referensen till nyss nämnda paragraf B40 handlar om vikten av att tillämpa olika värderingsmetoder när aktiviteten på transaktionsmarknaden minskat och referensen till B13 handlar om nuvärdesberäkningar som aktualiseras vid tillämpning av kassaflödesmodeller. I nyss nämnda paragraf B13 framförs bland annat resonemang med kopplingar till riskfri ränta och riskpremier vid bedömning av relevant nivå på kalkylränta i nuvärdes-beräkningar.

- I något fall kritiseras företaget också för att det gjort för begränsade känslighetsanalyser, exempelvis bara ändrat avkastningskrav med 0,1 procentenheter eller bara gjort känslighetsanalys för vissa av de centrala påverkande variablerna. I samma anda framförs kritik om att det är en otydlig redovisning av möjligt utfall för nästkommande år och för att inte ha beaktat de risker som finns rörande den framtida utvecklingen.

Det bör noteras att Nämnden inte säger att värderingarna är fel, utan "bara" att företagen inte har motiverat värderingarna på ett övertygande sätt och inte förklarat varför man inte beaktat information som pekat på lägre värden. Med andra ord menar Nämnden att redovisningarna inte har varit tillräckligt bra för att användare ska kunna bedöma företagets värderingar.

7.5. Avslutande diskussion

Liknande synpunkter som de som framförts av Nämnden för svensk redovisningstillsyn har även tagits upp i rapporten "Fördjupad analys om fastighetsvärdering i extern redovisning" som skrevs på uppdrag av Finansinspektionen (Nordlund, Gustafsson & Lind, 2023, s. 46-54).

I den rapporten och i debattinlägget "Därför faller inte fastighets-värdena när börskurserna rasar" (Lind, 2023) finns också några mer principiella diskussioner som kan vara av intresse i detta sammanhang.

(1) Fastighetsvärderarens uppgift kan ses som att uppdatera bedöm-ningen av en fastighetsvärde när det kommer ny information. Det verkar finnas en tendens att vid bokslutsvärdering på en vikande marknad främst/enbart beakta priser i genomförda transaktioner och inte beakta annan information, t.ex. börsutveckling kopplat till noterade fastighets-

bolag och intresset från potentiella köpare eller utveckling när det gäller den riskfria räntan.

(2) Vid en nedgång i ekonomin och minskad efterfrågan på fastigheter kan man tänka sig att aktörer drar sig för att sälja. Nedgången har då främst en effekt på omsättningen. I ett extremfall kan vi tänka oss att observerade priser inte faller alls. I stället för att det säljs 10 fastigheter till priset P så säljs nu enbart en fastighet till detta pris. Om det är en nedåtlutande efterfrågekurva kommer "priset om det bara bjuds ut 1 fastighet" att vara högre än "priset om det bjuds ut 10 fastigheter". Men frågan är om man vid värdering av ett bestånd kan utgå från ett relativt högt pris som enbart kan noteras ifall ett mycket litet antal objekt bjuds ut på marknaden?

(3) Rationellt beslutsfattande handlar också om riskbedömning. En fastighetsvärderare kan göra två fel: att värdera för lågt eller värdera för högt. Om det i ett visst sammanhang anses allvarligare att värdera för lågt än att värdera för högt kommer den rationelle värderaren att kräva mer evidens för att justera ner värdet än för att öka värdet i annan konjunktursituation.

Referenser

Lind, H (2023), Därför faller inte fastighetsvärdena när börskurserna rasar. Fastighetsnytt, publicerad 2023-05-13

Nordlund, B (2021), Revision av verkliga värden på förvaltnings-fastigheter, i Lind (red) Värdering av fastigheter 2021: nuläge och trender. Instant Press.

Nordlund B, Gustafsson C och Lind H (2023), Fördjupad analys om fastighetsvärdering i extern redovisning. Finansinspektionen.

Nämnden för svensk redovisningstillsyn, Ställningstaganden:

Beslut 3_2024. Värdering av fastigheter - väsentliga uppskattningar och bedömningar (IAS 1, IFRS 13), upplysning om väsentliga antaganden per klass (IFRS 13) samt intressebolag (IAS 28, IFRS 12)

Beslut 1_2024. Värdering av fastigheter - väsentliga uppskattningar och bedömningar (IAS 1, IFRS 13) samt upplysning om väsentliga antaganden per klass (IFRS 13)

Beslut 14_2023. Värdering av fastigheter - väsentliga uppskattningar och bedömningar (IAS 1, IFRS 13) samt upplysning om väsentliga antaganden per klass (IFRS 13)

Beslut 13_2023. Värdering av fastigheter - väsentliga uppskattningar och bedömningar (IAS 1, IFRS 13) samt upplysning om väsentliga antaganden per klass (IFRS 13)

Beslut 4_2023. Förvaltningsfastigheter – Upplysningar verkligt värde (IFRS 13)

Beslut 2_2023. Förvaltningsfastigheter - upplysning om väsentliga antaganden per klass (IFRS 13) samt information om geografiska områden (IFRS 8)

Beslut 22_2022. Värdering av fastigheter - upplysning om väsentliga antaganden per klass (IFRS 13) samt upplysning om andelar i koncernbolag (ÅRL).

Beslut 32_2021. Värdering av fastigheter, upplysning om väsentliga antaganden (IFRS 13)

Beslut 31_2021. Fastighetsvärdering (IAS40/IFRS13/IAS 1)

Beslut 11_2021. Extern värdering fastigheter (IAS 40) och innehav utan bestämmande inflytande (IFRS 12).

Beslut 26_2020. Upplysningar om värdering av förvaltningsfastigheter per kategori (IFRS 13), upplysning om viktiga

95

antaganden - verkligt värde (IFRS 13) samt projektutveckling - upplysning om betydande redovisningsprinciper (IAS 1).

Beslut 07_2020. Värdering av fastigheter, upplysning om väsentliga antaganden per klass (IFRS 13).

Beslut 04_2020. Värdering av fastigheter - upplysning om väsentliga antaganden per klass (IFRS 13).

Beslut 02_2020. Värdering av förvaltningsfastigheter (IFRS 13) och rapport över kassaflöden-finansieringsverksamheten (IAS 7).

Beslut 09_2019. Värdering av förvaltningsfastigheter (IFRS 13)

8. Bostadsrättsföreningars storlek och dess betydelse för bostadsrättens värde

Peter Karpestam
Peter Palm

8.1 Inledning

Den svenska bostadsmarknaden består av en stor andel bostadsrättsföreningar. Det finns cirka 30.000 föreningar med över 1,2 miljoner bostadsrättslägenheter vilket utgör ungefär 25 procent av bostadsbeståndet (SCB, 2023a&b). Varje år överlåts ungefär tio procent av dessa till en sammanlagd köpeskilling om 300 miljarder kronor (Mäklarstatistik, 2024).

Vad som påverkar priset på bostäder vet vi från forskningen är ett komplex av faktorer, men bostadsrättsmarknaden tillför ytterligare ett lager av komplexitet. Detta eftersom man inte äger själva lägenheten utan endast rätten att nyttja den. Istället äger man en andel i en bostadsrättsförening. Att bli medlem i en bostadsrättsförening innebär att man blir part i en ekonomisk gemenskap, vilket alla kanske inte är medvetna om när de "köper en bostadsrätt". Detta medlemskap innebär ekonomiska åtaganden och förpliktelser eftersom man, utifrån sitt andelstal, blir en del av föreningens ekonomi vilket även innefattar för-eningens skulder.

Föreningarnas ekonomi har varit en stor diskussionspunkt i media och det har kommit skärpt lagstiftning om vilken information som föreningen ska ge. Bland annat måste föreningarna i sina årsredovisningar för 2023 (i enlighet med ÅRL och Fastighetsmäklarlagen) redovisa skuldsättning per kvadratmeter och årsavgift per kvadratmeter. Detta för att underlätta för spekulanter fatt få en uppfattning om bostadsrättsföreningens ekonomi, Utöver detta har det även tillkommit en skyldighet för mäklarna att upplysa om föreningens nettoskuldsättning (Räntebärande skulder minskat med räntebärande tillgångar och likvida medel) samt bostadsrättens nettoskuldsättning (Nettoskuldsättningen multiplicerat med bostadsrättens andelstal).

8.2 Föreningar med olika storlek

Bostadsrättsföreningen tillför alltså ytterligare en komplexitet för prisbildningen och således även värdet och värderingen. Men det är inte enbart de ekonomiska förutsättningarna som är av vikt. Ser vi till storleken på bostadsättsförenigne så skiljer det sig väsentligt föreningarna emellan. Det finns föreningar med så få bostadsrätter som tre lägenheter men också föreningar med över tusen bostadsrätter. Denna skillnad i storlek bör påverka hur föreningen kan bedriva sin verksamhet och i förlängningen även värdet på den enskilda bostadsrätten. Då merparten av bostadsrättsföreningarna köper in sina förvaltartjänster bör större föreningar dels ha ett bättre förhandlingsläge, dels kunna åtnjuta skalfördelar på grund av sin storlek. Fördelarna i storlek torde dessutom inte enbart gälla förvaltningstjänster utan även kringtjänster så som bredbandsavtal eller försäkringar. Att teckna gruppabonnemang för tre hushåll eller trehundra borde leda till en skillnad i vilket pris som offereras av leverantören.

Dock kan även nackdelar uppkomma i större föreningar där medlemmarna blir anonyma vilket gör att man rimligen inte tar samma ansvar och inte är lika rädd om fastigheten. En annan sak som diskuteras i litteraturen är att det uppstår en problematik i beslutsprocessen i såväl små som stora föreningar. För små föreningar är problemet att besluten blir väldigt personliga. I stora föreningar riskerar å andra sidan bostadsrättsinnehavaren att bli anonym och väljer att inte delta vid mötena och medverka i beslutsprocessen. Detta är frågor som inte är unika för den svenska bostadsrättsföreningen utan något som även diskuteras internationellt inom begreppet "multi-owned properties" (se exempelvis Blandy, Dupuis och Dixon, 2010, eller Reid, 2015).

Bostadsrättsföreningarnas storlek påverkar även kreditvillkoren för såväl föreningarna som potentiella andelsköpare. I stora föreningar med många hushåll innebär det minskad risk för kreditgivarna då det är flera som står bakom ett lån till föreningen även om det kan röra sig om ett högre belopp per lägenhet. Detta har lett till att det finns kreditgivare som är tveksamma till att bevilja små föreningar krediter. Inte nog med att det är färre hushåll bakom en liten förening, det finns även risker med mycket små föreningar då föreningens möjlighet att verka som förening riskeras om det inte finns minst tre aktiva bostadsrättsinnehavare i föreningen. Sammantaget har detta gjort att bankerna dels är försiktiga i sin kreditgivning till mindre föreningar, dels är försiktiga i sin kreditgivning till köpare av bostadsrätter i små föreningar. I dagspressen har exempelvis kunnat läsas att vissa banker och kreditinstitut inte beviljar bostadsrättsköpare kredit i föreningar med färre än 10 bostadsrätter, andra kreditinstitut förefaller dra gränsen vid sex bostads-rätter.

Begränsade kreditmöjligheter för såväl bostadsrättsföreningar, men framförallt för den individuella bostadsrätts köparen torde tala för att lägenheter/andelar i små och mycket små bostadsrättsföreningar borde betinga ett lägre pris än i andra föreningars bostadsrätter.

8.3 En studie av bostadsrätter i Malmö

För att undersöka sambandet mellan föreningsstorlek och pris på den enskilda bostadsrätten studerade vi bostadsrättsförsäljningar i Malmö 2013–2018. Anledningen till att vi valde denna tidsperiod var för att vi ville ha en tidsperiod med liknande förhållanden, utan pandemi, krig, stigande energiprisnivåer mm. Att inkludera flera år gav oss samtidigt data över fler transaktioner. Utöver den statistiska analysen genomförde vi även intervjuer med tre branschkunniga personer med mer än 5 års erfarenhet av att arbeta inom fastighetssektorn och med erfarenhet från upprättande av nya bostadsrättsföreningar.

99

I tabell 8.1 visas sammanfattande statistik över Malmö stad, dess bostadsbestånd och befolkning samt hur det förhåller sig till riket i stort.

Tabell 8.1 Fördelningen mellan olika upplåtelseformer i Malmö (2018–12–31).

	Värde	Rangordning relativt andra kommuner (1= högsta värde, 290 = lägsta värde)
Andel bostadsrätter	39 %	8/290
Andel hyresrätter	46 %	13/290
Andel äganderätter	15 %	287/290
Befokning (antal personer)	339 313	3/290

Källa: Statistiska Centralbyrån (2020–05–20)

Malmö är Sveriges tredje största kommun och har en fördelning mellan upplåtelseformerna som liknar andra befolkningsstarka kommuner d.v.s. relativt hög andel lägenheter, som typiskt sett utgörs av hyresrätter och äganderätter, även om det existerar lägenheter som är äganderätter också, men de är få. 39 procent av bostadsstocken utgjordes år 2018 av bostadsrätter.

Figur 8.1 och 8.2 visar de genomsnittliga kvadratmeterpriserna och storleken på bostadsrättsföreningar per område i Malmö.

Priserna är högst i sydväst och Västra hamnen. Små föreningar (<30 bostadsrätter) finns representerade i olika delar av staden. I den empiriska analysen kontrollerar vi för hur läget påverkar priserna genom att bl.a. inkludera bostadsrätternas X- och Y-koordinater som förklarande variabler.

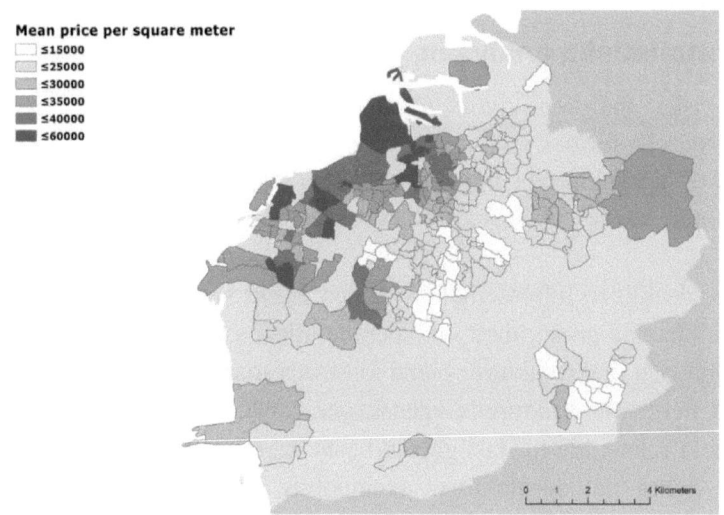

Figur 8.1 Genomsnittligt kvadratmeterpris per område

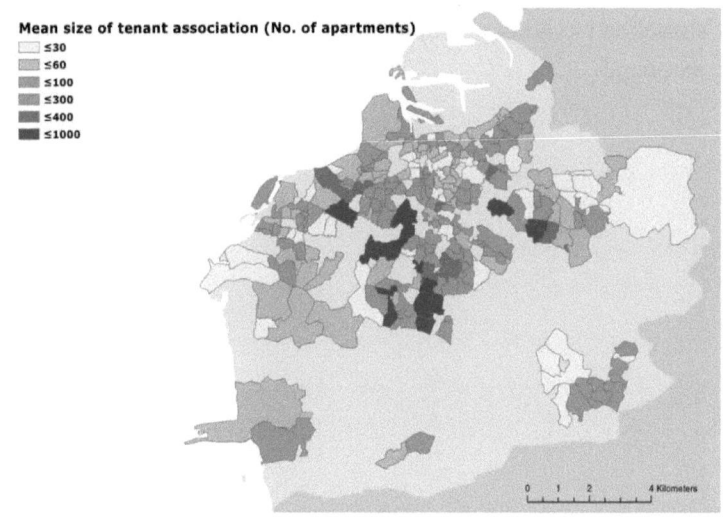

Figur 8.2 Genomsnittligt storlek på bostadsrättsföreningar per område

8.4 Den statistiska analysen

Den statistiska analysen utgörs av hedoniska prisregressioner med följande generella formel:

Pris = f(Strukturella egenskaper, Lägesegenskaper, Makrofaktorer, Storlek på bostadsrättsföreningen)

Vi var huvudsakligen intresserade av vilken effekt bostadsrättsföreningens storlek har på priset, men inkluderade alltså strukturella faktorer, lägesfaktorer och makrofaktorer bland kontrollvariablerna. Priset på en bostadsrätt beror på strukturella egenskaper, d.v.s. sådana egenskaper som är direkt relaterade till fastigheten/bostaden (t.ex. boarea, byggår). Det beror också på lägesfaktorer exempelvis avstånd till hav eller tågstation eller annat attribut. Makrofaktorer är sådant som påverkar hela marknaden t.ex. konjunktursvängningar. I Tabell 8.2 förklaras alla variabler som ingår i analysen. Som vi återkommer ingår i vissa ekvationer storleken i kvadrat och upphöjt till 3 för att testa om det är ett icke-linjärt samband.

Tabell 8.2 Variabeldefinitioner

P (beroende variabel)	Bostadsrättens pris
Boarea	Boarea (antal kvadratmeter)
Våning	Våning som bostadsrätter ligger på. Markplan =0
Avstånd till närmsta tågstation	Fågelavståndet till kustlinjen (antal meter)
Avstånd till kust	Fågelavståndet till närmsta tågstation (antal meter)
Avstånd till närmsta skola	Fågelsavstånd till närmsta grundskola (antal meter)
Medelinkomst	Genomsnittlig inkomst I området som bostadsrätten ligger i
Storlek	Antal bostadsrätter I föreningen
Storlek^2	Antal bostadsrätter I föreningen^2
Storlek^3	Antal bostadsrätter I föreningen^3
Markplan	Indikator för om bostadsrätten ligger på markplan (1=ja, 0=nej)
Månadsavgift	Månadsavgift till föreningen (kr)
Kvartal 1-3	Indikator för vilket kvartal som bostadsrätten såldes
Byggår	År som bostadsrätten byggdes eller renoverades. Samtliga byggda före 1930 har 1929 som byggår
Tidstrend (makrofaktor)	Trendvariabel. Ökar med 1 för varje kvartal
Byggd före 1930	Indikatorvariabel för om bostaden är byggd innan 1930 (1=ja, 0=nej)

Obs: Bostädernas koordinater (X- och Y) är också inkluderade

I Tabell 8.3 återfinns resultatet av de sju olika regressionsanalyser som gjordes.

103

Tabell 8.3 Resultat från hedoniska prisregressioner. Beroende variabel = logaritmerat bostadsrättspris

Regressionsmodell	1	2	3	4	5	6	7
Antal bostadsrätter I föreningen	-0.0863*** (0.000)	-0.0733*** (0.000)	-0.0605*** (0.000)	-0.0563*** (0.000)	0.0630 (0.254)	0.0153 (0.935)	
Antal bostadsrätter I föreningen^2					-0.0136* (0.045)	-0.00240 (0.955)	
(Antal bostadsrätter I föreningen)^3						-0.000835 (0.797)	
Boarea	0.716*** (0.000)	0.718*** (0.000)	0.723*** (0.000)	0.728*** (0.000)	0.728*** (0.000)	0.728*** (0.000)	0.727*** (0.000)
Markplan		-0.0156 (0.262)	-0.0124 (0.371)	-0.0173 (0.156)	-0.0165 (0.171)	-0.0165 (0.173)	-0.0180 (0.133)
Våning		0.0121* (0.030)	0.00945 (0.052)	0.0102* (0.016)	0.0105* (0.013)	0.0105* (0.013)	0.00987* (0.024)
Månadsavgift		-0.424*** (0.000)	-0.430*** (0.000)	-0.377*** (0.000)	-0.381*** (0.000)	-0.381*** (0.000)	-0.371*** (0.000)
Byggår		0.00287*** (0.000)	0.00228** (0.005)	0.00133* (0.032)	0.00132* (0.028)	0.00132* (0.029)	0.00122* (0.033)
Tidstrend	0.0236*** (0.000)	0.0244*** (0.000)	0.0263*** (0.000)	0.0217*** (0.000)	0.0218*** (0.000)	0.0218*** (0.000)	0.0218*** (0.000)
Fastigheten byggd före 1930 (1=ja, 0=nej)		0.173*** (0.000)	0.135*** (0.000)	0.0931** (0.002)	0.0975*** (0.001)	0.0975*** (0.001)	0.0959** (0.001)
Avstånd till närmsta tågstation			-0.196*** (0.000)	-0.178*** (0.000)	-0.177*** (0.000)	-0.177*** (0.000)	-0.174*** (0.000)
Avstånd till kust			-0.0553* (0.013)	-0.0322* (0.050)	-0.0286* (0.043)	-0.0286* (0.043)	-0.0275 (0.056)
Avstånd till närmsta skola			-0.00772 (0.726)	0.00354 (0.839)	0.00267 (0.878)	0.00261 (0.881)	0.00552 (0.757)
Medelinkomst				0.441*** (0.001)	0.432*** (0.001)	0.432*** (0.001)	0.443*** (0.001)
3-5 bostadsrätter I föreningen							0.290*** (0.000)
6-10 bostadsrätter I föreningen							0.191*** (0.000)
11-20 bostadsrätter I föreningen							0.161*** (0.000)
21-30 bostadsrätter I föreningen							0.150*** (0.000)
31-40 bostadsrätter I föreningen							0.142*** (0.000)
41-50 bostadsrätter I föreningen							0.170*** (0.000)
51-100 bostadsrätter I föreningen							0.117*** (0.000)
101-200 bostadsrätter I föreningen							0.0840** (0.004)
Antal observationer	26903	26903	26903	26903	26903	26903	26903
Akaike	21882.0	-7917.2	-11673.8	-14559.7	-14739.0	-14740.6	-14507.6
BIC	21939.4	-7810.6	-11542.6	-14420.3	-14591.4	-14593.0	-14360.0

Not: Kontrollvariablerna inkluderar även dummyvariabler för vilket kvartal som bostadsrätten såldes, bostadsrättens X- och Y-koordinater samt dummy-

variabler för vilket distrikt bostadsrättsföreningen ligger i men dessa regressionskoefficienter rapporteras ej. Regressionskoefficientens standardfel har klustrats över distrikt. P-värden är inom parentes. *, **, *** anger signifikans på 5-procentsnivån, 1-procentsnivån, respektive 0,1-procentsnivån. Samtliga kvantitativa variabler har logaritmerats vilket innebär att regressionskoefficientenerna ska tolkas som hur många procents förändring av priset som en procents förändring av den aktuella förklarande variabeln ger upphov till.

Regression 1 - 6 inkluderar nya kontrollvariabler stegvis för att se om sambandet mellan priset och antal bostadsrätter i föreningen ändras. I regression 5 och 6 inkluderar vi även antal bostadsrätter och föreningens storlek upphöjt i 2 och i 3 för att undersöka om det eventuellt finns några icke-linjära samband. Ett icke-linjärt samband innebär att priset inte alltid behöver öka eller minska när föreningarnas storlek växer. Ett exempel är att priserna först stiger när storleken ökar, men efter att storleken nått en viss nivå sjunker priserna när storleken fortsätter att öka. I regression 7 experimenterar vi med att ha dummyvariabler för olika intervall på antal bostadsrätter i föreningen, i stället för att inkludera antal bostadsrätter i föreningen som en variabel.

Sammantaget visar det empiriska exemplet tydligt på att det inte finns en sådan prispåverkan på bostadsrätter som vi initialt tänkte oss. Istället ser vi ett negativt samband mellan antal bostadsrätter och priset, även efter att vi kontrollerar för andra egenskaper så som närhet till havet, kommunikationer mm. Det negativa sambandet försvagas något när vi inkluderar nya kontrollvariabler men är fortsatt signifikant. När vi inkluderar andragrads- och tredjegradspolynom för antal bostadsrätter i föreningen ser vi också att i stort sett samma negativa samband. Regression 5 och 6 visar visserligen på ett omvänd u-samband där priserna först stiger när antalet bostadsrätter ökar, för att sedan minska. Men priset börjar sjunka väldigt snabbt. När vi inkluderar enbart andragradspolynom (regression 5) toppar priset vid 10 bostadsrätter i föreningen och vid inkludering av tredjegradspolynom (regression 6) vid 6 bostadsrätter. Regression 7 ger samma bild av att det ska vara relativt få bostadsrätter i föreningen. Högst pris erhålls vid 3 - 5 bostadsrätter i föreningen, men det kan noteras att den näst högsta siffran finns i intervallet 40-50 bostadsrätter. Figur 3 visar en simulering av hur priset utvecklas som en funktion av antalet bostadsrätter i föreningen med hjälp av resultaten från regression 5. Det kan noteras att övriga variabler har förväntade samband med priserna. Exempelvis medför en ökning av boarean med en procent att priset ökar med ca 0,7 procent. Månadsavgiften har ett negativt samband med priset, högre avgift medför således ett lägre pris. Ett minskat avstånd till närmsta tågstation höjer priset för bostadsrätten, osv.

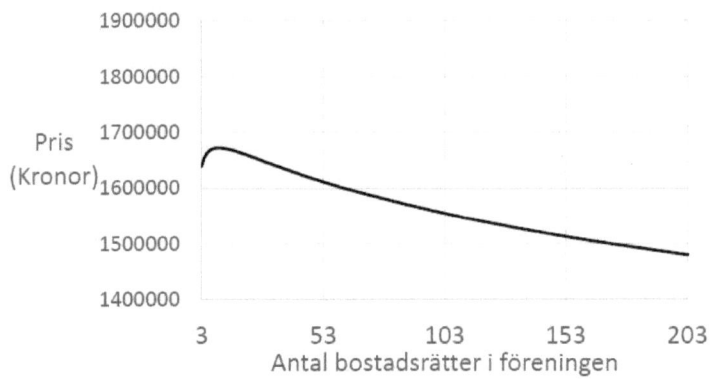

Figur 8.3 Samband mellan bostadsrätternas pris och föreningarnas storlek, regression 6 (tabell 3)

Det förefaller alltså som att på Malmös bostadsmarknad så är det mycket små föreningar som har de högsta priserna. En förklaring skulle kunna vara att Malmös bostadsmarknad är för stark, vilket medför att kreditgivarna inte är fullt lika restriktiva samtidigt som det finns en hög betalningsvilja hos spekulanterna. Det finns även andra potentiella förklaringar. Större föreningar kan vara förenat med att medlemmarna är mer anonyma och tar mindre ansvar för det gemensamma vilken kan innebära snabbare förslitning av fastigheterna i föreningarna (se t.ex. Ho och Gao, 2013; Blandy, Dupuis och Nixon, 2010).

106

För att styrka våra resultat genomförde vi även två olika känslighets-analyser genom att skatta regressioner för olika delgrupper av datan:

1. Tre undergrupper baserat på fastighetens byggår (innan 1965, 1965-1975, 1976-2018).
2. Två undergrupper baserat på antalet bostadsrätter i föreningarna (3-100 och >100).

Om fastigheternas byggår är korrelerat med föreningarnas storlek kan det dock innebära att våra resultat drivs av specifika segment av datan. På samma sätt ville vi undersöka om det negativa sambandet mellan pris och storlek som redovisats framför allt förekommer i ett visst intervall på bostadsrättsföreningarnas storlek.

Vi fann negativa och signifikanta samband mellan pris och bostadsrättsföreningarnas storlek i alla delgrupper av datan. Det negativa sambandet var dock starkast för föreningar med mer än 100 bostadsrätter och för bostadsrätter byggda 1965 eller senare. Men sambandet var som sagt negativt och signifikant för alla delgrupper.

8.5 Kompletterande intervjuer och avslutande diskussion

Resultaten gav sålunda upphov till flera frågor och vi valde att gå vidare genom att intervjua tre stycken branschkunniga. Sammanfattningsvis tyder intervjuerna på att bostadsrättsföreningar kan vara både för små och stora. Respondenterna bekräftar att "för små" föreningar kan ha sämre tillgång till krediter och svårare att upphandla olika tjänster till förmånliga priser än större föreningar. Samtidigt understryker de att föreningarna inte får bli för stora då gemenskapen kan gå förlorad. Respondenterna pekar på att 80 – 150 bostadsrätter kan vara en optimal storlek. Detta skiljer sig från den optimala storleken som uppskattades i de hedoniska prisregressionerna (6 - 10 bostadsrätter från regression 5 och 6). En förklaring kan, som nämndes ovan, var att Malmös bostadsmarknad är relativt stark och att kreditgivare inte är lika restriktiva till att låna ut till små föreningar som på mindre starka bostadsmarknader.

Sammanfattningsvis väcker resultaten ett flertal frågor och flera studier krävs. Dels hade man velat replikera studien med data från andra lokala bostadsmarknader, dels hade man velat göra en mera omfattande studie av hur bankerna resonerar inför kreditgivning till mindre föreningar och för köpare av bostadsrätter i mindre föreningar. Den optimala storleken på bostadsrättsföreningar är sannolikt inte en konstant utan varierar med kontexten. Men mycket talar för att bostadsrättföreningar kan vara både för små eller för stora, och att en optimal storlek därmed finns. Betydelsen av bostadsrättsföreningarna storlek är som framgått en relativt förbisedd fråga inom forskningen och fler studier är motiverade.

Referenser

Blandy, S., Dupuis, A., och Dixon, J. (2010). Multi-owned housing. England: Ashgate Publishing Limited.

Ho, D.C.W, och Gao, W. (2013), Collective action in apartment building management in Hong Kong, Habitat International, 38, 10-17.

Reid, S. (2015). Exploring social interactions and sense of community in multi-owned properties, International Journal of Housing Markets and Analysis, 8(4), 436-450

SCB. (2023a) Nästan 5,2 miljoner bostäder I landet, hittas här: https://www.scb.se/hitta-statistik/statistik-efter-amne/boende-byggande -och-bebyggelse/bostadsbyggande-och-ombyggnad/bostadsbestand/ pong/statistiknyhet/bostadsbestandet-31-december-2022/

SCB. (2023b) Vanligast med 2 rum och kök på 57 kvadratmeter, hittas här: https://www.scb.se/hitta-statistik/artiklar/2016/Vanligast-med-2-rum-och-kok-pa-57-kvadratmeter/

Svensk mäklarstatistik (2024). https://www.maklarstatistik.se/omrade /riket/#/bostadsratter

9. Bedömning av marknadsvärde och ankareffekten

Peter Palm

9.1. Inledning

I många situationer, vardagliga likväl som professionella, gör människor bedömningar utifrån ett initialt värde eller initial uppfattning för att sedan justera utifrån detta inför sitt slutgiltiga svar eller beslut. Det initiala värdet, eller startpunkten, kan vara sprunget ur en problemformulering, en initial beräkning, tidigare erfarenheter eller ett första intryck. I samtliga fall är justeringar utifrån dessa initiala uppfattningar sällan tillräckliga. Detta innebär att olika utgångspunkter eller initiala värden ger olika skattningar och således även olika utfall eller bedömningar. Dessa är alltså biased eftersom de påverkas av de initiala värdena. Detta fenomen kallar vi ankring eller förankring, anchoring på engelska (Slovic och Lichtenstein, 1971).

I värderarens vardag är faktorer som marknadstrender, ekonomisk utveckling, finansiering och fastighetens egenskaper och lokalisering essentiella för bedömning av marknadsvärdet. Dessutom tillkommer även att värderaren har att beakta psykologiska faktorer för såväl marknaden som sig själv. Bland dessa psykologiska faktorer kan ankring vara en faktor som medför komplikationer i bedömning av marknadsvärdet. För att ytterligare öka komplexiteten behöver denna information dessutom inte vara relevant eller ens ha med sakfrågan att göra. Det klassiska exemplet av Tversky och Kahneman (1974) gick ut på att man snurrade på ett chokladhjul och fick fram en siffra, efter det frågade man personen ifråga hur stor procentandel av FN:s församling

109

som utgjordes av afrikanska länder. Det man kunde se var att personerna tenderade att relatera sitt svar till siffran från chokladhjulet.

9.2. Fastighetsrelaterade studier

Experiment på samma tema har även gjorts inom fastighetsområdet där till exempel Northcraft och Neale (1987) ställde frågor om marknadsvärdet på en fastighet till både experter och amatörer, men där de ändrade förutsättningarna i termer av utbjudet pris. Även om utbjudet pris inte borde påverka värderingaren kunde man i studien konstatera att oavsett om man var expert eller amatör så fanns det en positiv relation mellan förutsättningen rörande utbjudet pris och det bedömda marknads-värdet.

De bakomliggande argumenten för ankareffekten är att när man ska bedöma värdet av något okänt så kommer man vilja relatera det något bekant eller känt. Finns det då en känd siffra vilken inte behöver relatera till vad man ska bedöma, kommer man oavsett detta att ta hänsyn till den, medvetet eller omedvetet. Detta eftersom vi i vårt beslutsfattande inför bedömningar alltid tenderar att ta utgångspunkt i något känt, framförallt när det vi ska bedöma inte har ett objektivt rätt svar (Jacowitz och Kahneman, 1995). I litteraturen kan vi däremot läsa om hur risken för att ankring ska leda till felbeslut kan motverkas genom att vi är medvetna om denna psykologiska faktor och genom det dels breddar vårt informationsinhämtande samt aktivt ifrågasätter våra (initiala) antaganden (Fishhoff, 1988).

Sätter vi ankareffekten i en fastighetskontext så kan det innebära att vi fokuserar på information från ett initialt skede så som utbjudet pris inför en budgivning. Inför en fastighetsvärdering kan det exempelvis i stället röra sig om ägarens uppfattning om värdet, vad fastigheten blivit såld för eller en tidigare värdering.

En ankring i sådana uppgifter kan riskera att värderaren inte fattar helt korrekta beslut i värderingsprocessen och i slutändan bedömer ett marknadsvärde som inte representerar det sannolika pris som fastigheten borde uppbringa på marknaden mellan två kunniga och oberoende parter.

Detta skulle kunna ta sig uttryck i att värderaren vid tillämpning av ortsprismetoden gör systematiska fel i termer av att endast fastigheter som lever upp till ankarinformationen inkluderas i ortsprismaterialet. Vi får alltså en slags "selection bias". Även i de fall värderaren gör adekvata gallringar och får fram ett ortsprismaterial med jämförbara fastigheter finns risker för att ankringen leder till missvisande bedömning av marknadsvärdet. Det kan då röra sig om att de justeringar som görs och den hänsyn som tas till för värderingsobjektet specifika egenskaper över eller underkapitaliseras (s.k. "calibration bias"). Konsekvensen är alltså att bedömningen blir i linje med den tidigare förankrade siffran.

Det finns alltså starka argument för att ankare medför olika slags biases i värderingsprocessen. Detta inte minst med tanke på den höga grad av osäkerhet som råder vid bedömning av marknadsvärdet. När ett ankare har etablerats kan värderaren riskera att tolka eller väga information som bekräftar ankaret medan motsatt information riskerar att negligeras. Denna bekräftelsebias kan då förstärka det ursprungliga ankaret och leda till misstag i marknadsvärdes bedömningen.

9.3. Våra experiment

Då fastighetsvärdering i grunden inte är en exakt vetenskap och att marknadsvärdet för en fastighet inte kan bedömas utifrån en matematisk formel, så är förekomst av ankareffekten svåra att observera. Över åren har vi däremot gjort ett par experiment med studenter på Malmö universitet. Det som kan konstateras från dessa experiment är att det finns risk för att i alla fall studenter ankrar sina värdebedömningar. Nedan redogörs för dessa experiment.

Ett första experiment gjordes med studenter som läste antingen utbildningen Fastighetsföretagande eller Fastighetsförmedling. Båda utbildningarna är treåriga program. Samtliga studenter på dessa två utbildningar läser en kurs i fastighetsvärdering på sin fjärde termin. Kursen avslutas med att examineras med en skriftlig tentamen. Experimentet designades genom att en fråga på den avslutande skriftliga tentan rörde värdebedömning av en småhusfastighet med tillämpande av ortsprismetoden. Till sin hjälp hade studenterna en ortsprislista med försålda fastigheter i närområdet till värderingobjektet, en objektsbeskrivning samt ett fastighetsdatautdrag för värderingsobjektet. Samtliga studenter fick samma underlag, men för hälften av studenterna stod det i förutsättningarna att familjen ansåg att värdet var 3.350´ kr och för andra hälften att familjen ansåg att värdet var 2.400´ kr.

Tentamensfrågan gick ut på att studenterna skulle tillämpa ortsprismetoden och bedöma marknadsvärdet för småhusfastigheten med hjälp av det tillhandahållna materialet. Ett förfarande studenterna torde vara väl förtrogna med då de under kursens gång haft föreläsningar på temat, haft en övning samt självständigt författat ett värderingsutlåtande för ett småhus. I det arbetet hade de använt sig av just ortsprismaterial från samma system som på tentan samt fastighetsdatautdrag. Enda skillnaden var att vid tillfället under kursen gjorde de även en okulärbesiktning. Det faktum att experimentet genomfördes vid den avslutande tentamen borde även tala för att studenterna ifråga var noggranna och måna om att tillämpa metoden korrekt och genomföra en välmotiverad bedömning av småhusets marknadsvärde.

Sammanlagt var det 84 studenter som genomförde den skriftliga tentan och besvarade den aktuella frågan med ett fullständigt svar, dvs bedömde marknadsvärdet. Resultatet visade att de som fått ett lågt ankare i genomsnitt värderarede fastigheten till 2,7 miljoner kronor och de som fått ett högt ankare bedömde marknadsvärdet till 3,0 miljoner kronor. Fördelningen av svar åskådliggörs i Diagram 9.1 med ett låddiagram.

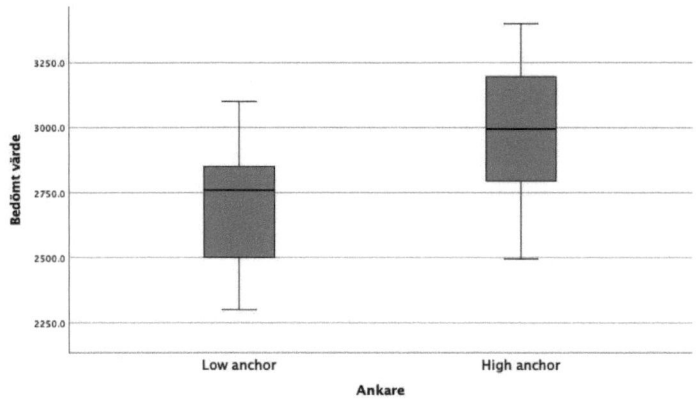

Diagram 9.1 Bedömt marknadsvärde för de två grupperna

En skillnad om 10 procent i snitt är i och för sig inte anmärkningsvärt, men från diagrammet kan vi tydligt se att de bedömda marknadsvärdena skiljer sig tydligt mellan de två grupperna. En statistisk analys av variansen grupperna emellan bekräftar denna skillnad med ett F-värde om 30,14 och en signifikans på 0,1% nivån.

Redan före experimentets genomförande hade vi bestämt att ändra i kursens innehåll och inkorporera såväl litteratur som undervisning där ekonomisk, eller finansiell, psykologi ingick. Ankareffekten och detta experiment blev då ett givet inslag i kursen. Efter ett år kom vi till att diskutera vilka effekter förändringen i kursinnehållet medfört. Det finns såväl många studier på att ankareffekten är stark och omedveten, samtidigt som vi vet att om personer kan ta informerade beslut så fattar de även bättre beslut. Vi bestämde oss således för att replikera experimentet och undersöka effekterna av det förändrade kursinnehållet och om studenterna nu skulle vara motståndskraftiga mot ankareffekten.

Vi replikerade således experimentet och den enda skillnaden i materilet som studenterna tillhandahölls vid tentamen var att försäljningstidpunkten i ortsprislistan hade justerats så att de var sålda 2 år senare. Vid detta tillfälle skriver totalt 114 studenter tentan, 56 med det låga och 48

113

med det höga ankaret. Resultatet blev snarlikt, där de med ett lågt ankare i snitt bedömde marknadsvärdet till 2,9 miljoner och de med högt ankare 3,1 miljoner. Även denna gång var det alltså cirka tio procents skillnad.

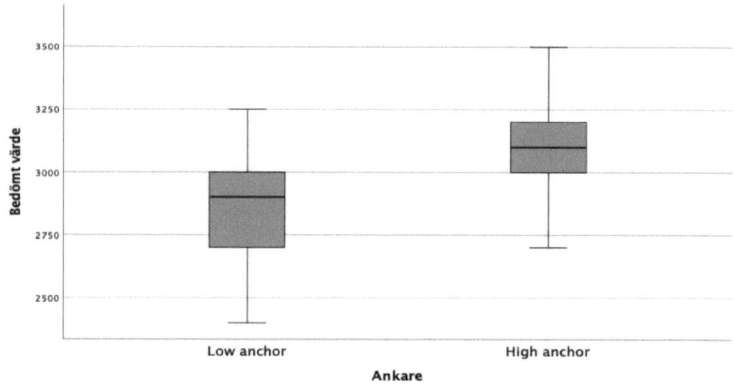

Diagram 9.2 Bedömt marknadsvärde för de två grupperna.

Även från detta låddiagram kan vi utläsa att det finns en tydlig skillnad mellan de två grupperna. Vid statistisk analys av variansen mellan grupperna konstaterar vi att skillnaden åter igen är signifikant på 0,1% nivån.

9.4. Diskussion

Den empiriska kontexten är förvisso universitetet och dess studenter, inte professionella värderare. Men hur vi omedvetet tenderar att luta oss mot, i detta fall, en siffra förefaller vara universellt och oberoende av om det är i en situation där vi måste prestera eller ej. Vi kan förutsätta att det för studenterna är lika viktigt att göra en bra bedömning av marknadsvärdet på sin tentamen för att bli godkända som det är för den professionella värderaren att bedöma ett korrekt marknadsvärde för sin kunds räkning. Oavsett hade det varit intressant att se om den professionella värderaren skull ankra sina bedömningar i lika stor utsträckning som studenterna i sina tentamenssvar. (För en mer djupgående statistisk redogörelse se Palm och Andersson 2021.)

Är det då helt omöjligt att komma från ankareffekten och vi måste leva med dessa "fel" framgent utan att kunna påverka dem? Att medvetenhet och kunskap om fenomenet inte är tillräckligt talar för just det. Men det finns andra aspekter som talar i motsatt riktning. I vår professionella yrkesutövning har vi oftast kollegor runt oss. Vi pratat och ventilerar våra tankar, ber kanske om en second opinion. Vidare har vi inte endast ett isolerat värderingsuppdrag utan många, vilket kan medföra att vi dels utsätts för mycket mer information, dels har möjlighet att ventilera våra tankar kring olika prisnivåer, kvaliteter, hyror, mikroläge och så vidare. Däremot är jag av uppfattningen att vi inte kan blunda för denna typ av påverkan i form av ankring. Det är viktigt, som Fischhoff (1988) skriver, att kritiskt förhålla oss till både vårt insamlade material och till de initiala bedömningar vi gör. Vi behöver vara medvetna om att vi omedvetet ankrar våra beslut och bedömningar. Detta medför att det är på sin plats att prata med en kollega eller eventuellt öppna upp värderingen ytterligare en gång för en kritisk genomläsning innan den skickas till kunden.

Referenser

Fischhoff, B. (1988). Judgement and decision making, I Sternberg, R.J., & Smith, E.E. (Red.), The Psychology of Human Thought, Cambridge University Press, New York, NY

Northcraft, G. B., & Neale, M. A. (1987). Experts, amateurs, and real estate: An anchoring-and-adjustment perspective on property pricing decisions. Organizational behavior and human decision processes, 39(1), 84-97.

Palm, P., & Andersson, M. (2021). Anchor effects in appraisals: do information and theoretical knowledge matter?. Journal of European Real Estate Research, 14(2), 246-260.

Slovic, P., & Lichtenstein, S. (1971). Comparison of Bayesian and regression approaches to the study of information processing in judgment. Organizational behavior and human performance, 6(6), 649-744.

Tversky, A., & Kahneman, D. (1974). Judgment under uncertainty: Heuristics and biases. Science, 185, 1124-1131.

10. Examensarbeten om fastighetsvärdering

Hans Lind

10.1 Inledning

I detta kapitel sammanfattas ett antal uppsatser från KTH och LTH som behandlar frågor om fastighetsvärdering. I referenslistan framgår om det är kandidatuppsatser (15hp) som skrivs i årskurs 3 eller om det är en Mastersuppsats (30hp) som skrivs i årskurs 5. Där framgår även om det är en uppsats från Stockholm eller Lund. Urvalet fokuserar på arbeten framlagda 2021-2023, men någon enstaka från 2020 har tagits med om den inte var med i den förra antologin.

Många arbeten är mycket gedigna med både bra litteraturöversikter och intressanta empiriska studier. Detta gäller särskilt de mer omfattande Mastersuppsatserna. Vill man ha en översikt av en problemställning så är arbetena också utmärkta och alla arbeten går att ladda ner.

Uppsatserna har grupperats efter vilket ämnesområde som de behandlar, men som alltid finns gränsfall och uppsatser som berör flera områden.

10.2 AI och värdering

"Revolutionerande fastighetsvärdering: Påverkan av artificiell intelligens på fastighetsvärderingsprocessen" av Sanjari och Mijac (2023) bygger på en genomgång av kunskapsläget och på intervjuer med ledande personer inom fastighetsbranschen. Arbetet behandlar maskininlärning och bildigenkänningsprogram. Intervjupersonerna pekar på flera problem, t ex bristen på (bra) data och att maskininlärning ses som en "svart låda" där det är svårt att förklara varför man får ett visst resultat.

117

Den övergripande slutsatsen är att AI kommer att leda till allt mer användbara hjälpmedel men att det ändå slutligen krävs en bedömning av en professionell värderare.

I uppsatsen "Property valuations by machine learning and hedonic pricing models: A case study on Swedish residential properties" jämför Teang och Lu (2021) vanlig hedonisk metod och en maskininlärningsvariant som kallas Random Forest (RF). Namnet kommer från att modellen arbetar med en trädstruktur som steg för steg utvecklas. Data från 114 000 bostadsförsäljningar mellan 2005 och 2014 används. Resultatet är att RF - givet ett antal statistiska kriterier - ger bäst resultatet när det gäller skattning för den aktuella perioden. Den ger också bäst förutsägelser - både när förutsägelseförmågan mäts genom att modellen skattas på ett slumpmässigt urval av data och sedan testas på resten och när modellerna skattas på data fram till ett visst år och sedan förutsäger utvecklingen efter detta år.

Lindkvist och Ronholt (2023) skriver om "Den digitala tvillingen i värderingsprocessen inom fastighetsbranschen". De diskuterar först olika tolkningar av begreppet digital tvilling och skriver

"De tre grundläggande delarna är: en fysisk fastighet, en virtuell representation av fastigheten och ett kontinuerligt flöde av data som omfattar spatialdata, realtidsdata och affärsdata. En viktig funktion som den digitala tvillingen kan användas till är simuleringar men det är inte ett krav." (s 31)

De konstaterar att användningen för närvarande är störst inom fastighetsförvaltning (för driftoptimering) men digitala tvillingar kan underlätta datainsamling när fastigheter ska värderas. Om digitala tvillingar leder till ökat driftnetto och kanske också minskad risk så kommer de också att påverka värdet, även om de inte på kort sikt påverkar värderingsprocessen så mycket.

10.3 Avkastningskrav på olika delar av bostadshyres-marknaden

I arbetet "The yield on newly built rental properties - Does the investor require a risk premium" jämför Engsner och Signäs (2020) investerares avkastningskrav för bostadshyreshus med olika hyressättningsmodeller. De tre modeller som jämförs är bruksvärdeshyror, presumtionshyror och egen-satta hyror. Presumtionshyror ger högre ingångshyror men större osäkerhet om hur hyrorna kommer att utvecklas. Förutom en intervjuundersökning presenteras också en simulering av hyresutvecklingen i de olika modellerna givet olika antaganden. Enligt intervjuerna spelar initial hyra och förväntad hyresutveckling störst roll för värdet, men i simuleringarna beaktas också risker, t ex risk för att hyresgästerna går till hyresnämnden om det är egen-satta hyror och risk att presumtionshyran inte får höjas så snabbt. Givet de antaganden som gjorts i simuleringen är det 20-åriga presumtionshyror som ger det högsta värdet.

I arbetet "Värdering av studentbostäder: Hur bedöms och hanteras osäkerhet vid värdering av studentbostäder" (Hållén och Skärvinge, 2021) presenteras resultat från en intervjuundersökning. Först noteras att kostnader och (kortvariga) vakanser normalt är högre än för vanliga bostäder pga högre omsättning. Eftersom det är få transaktioner är det svårare att bedöma direktavkastningskravet. Intervjupersonerna är dock överens om att direktavkastningskravet är högre än för vanliga bostäder, men att skillnaden är mindre för nya studentbostäder som består av smålägenheter än för äldre hus som är byggda med korridorrum. Möjligheten till alternativ användning är viktig för hur stor osäkerheten bedöms vara.

Ribbefjord och Svensson (2020) skriver om "Convergene of yield: A study of how yield on rental residential properties coincides at similar levels regardsless of location in Sweden." Att det under perioden 2011-2020 varit en konvergens i direktavkastningskraven för bostadshyreshus mellan olika orter framkommer både genom en statistisk analys och genom en intervjuundersökning där värderare fått ge sin bild av utveck-

119

lingen och sin åsikt om bakomliggande faktorer. Bland de faktorer som nämns som förklaringar är att det var en period med tillväxt och bostadsbrist i allt fler delar av landet (som minskar vakansrisker där sådana fanns tidigare), att hyressättningssystemet gör att hyror utvecklas på liknande sätt på olika orter och att det varit en period med gott om kapital och låga räntor vilket bidragit till att risken på mindre orter omvärderats.

10.4 Värdering av kommersiella fastigheter

Kontorsmarknaden har förändrats under senare år, även om det finns delade meningar om hur mycket. Ökat hemarbete har minskat efterfrågan på ytor och ökad osäkerhet för hyresgästerna har ökat efterfrågan på flexibilitet.

Jillker och Truong (2022) har intervjuat (främst) värderare om hur kortare kontrakt och avstegsklausuler påverkat värderingarna. Bland resultaten kan nämnas att de grundläggande metoderna inte ändrats och att de speciella metoder som finns för att värdera optioner inte används (bedöms inte som användbara). Finns en avstegsklausul värderas i regel kontraktet som att det sträcker sig fram till den tidpunkten. De noterar vidare att särskilt vissa köparkategorier - de som vill ha objekt med långa kontrakt - påverkas av avstegsklausuler. I ett centralt läge och för ett objekt med många hyresgäster bedöms kortare kontrakt och avstegsklausuler inte ha nämnvärd betydelse. Kortare kontrakt ger ju i regel högre hyror. Värderarens arbete försvåras dock om kontraktsutformningen varierar mer mellan olika fastigheter, både för att det då behövs mer (icke-offentlig) kunskap om kontraktens utformning och för att ortsprisanalys blir ännu svårare när det som ser ut som liknande objekt med liknande hyror hyrs ut på olika villkor.

Kourie och Touati (2020) har skrivit arbetet "Osäkerhet vid värdering av kommersiella fastigheter". De lyfter fram två typer av osäkerhet. Det första är osäkerhet i mätning, t ex att uppgifter om priser, hyror eller driftkostnader är osäkra. Det andra är osäkerhet i urval och det handlar t ex om att de objekt som säljs inte är representativa. Osäkerheten i

120

mätning kan vidare sammanhänga med att beställaren inte levererar korrekta uppgifter. Uppsatsen skrevs under covid pandemin och utifrån intervjuer med värderare och fastighetsägaren diskuteras den särskilda osäkerhet som uppstår i exceptionella perioder där transaktionsvolymerna sjunker. Författarna diskuterar vidare hur osäkerhet ska rapporteras och menar att det inte räcker med att redovisa ett intervall utan att det krävs mer resonerande text som tydliggör vad som är särskilt osäkerhet.

Källberg och Wiklund (2023) undersöker i arbetet "Fastighetsinvesteringar och inflation" hur direktavkastningskravet påverkats av den kraftigt ökade inflationen. Arbetet bygger på intervjuer med personer som arbetar med värderingar i banker och konsultfirmor. Resultatet är att den höga inflationen påverkar indirekt på flera sätt. Det handlar både om att styrräntan höjts för att bromsa inflationen och för att osäkerheten ökat. Inflationen och minskad köpkraft har särskilt påverkat detaljhandel där osäkerheten ökat särskilt mycket. Osäkerheten har också orsakat en kraftig nedgång i transaktionsvolymen.

En uppsats som skrevs under pandemin och därför främst är en litteraturstudie är "Fastighetsvärdering i lågkonjunkturen: Med utgångspunkt i finanskrisen 2008" (Wiklund och Havdelin, 2020). De menar att det finns en rad mekanismer som gör att fastigheter tenderar att bli övervärderade när ekonomin hamnar i en kris. Det handlar både om incitament för fastighetsbolag och banker att hålla uppe värdena på tillgångar och om brist på information när transaktionsvolymen går ner. Därmed blir det svårt att belägga vilket värde en fastighet har och när det inte finns starka argument för att värdena har fallit så får de nyssnämnda incitamenten större plats.

Direktavkastningskrav på kontorsfastigheter studeras i "Varierande kontorsyielder i Sveriges största CBDs: En jämförelse mellan Stockholm, Göteborg och Malmö" (Gullström-Hughes och Ernhagen Jönsson 2021). Utvecklingen 2011-2021 visar att yielderna fallit i alla städerna men mest i Stockholm och Malmö. I slutet av perioden låg yielden på cirka 5% i Malmö och Göteborg och 3,5% i Stockholm. En enkätundersökning pekar på att volatila hyresintäkter ses som en avgörande riskfaktor. Respondenterna anger också att nätverk/kontakt med branschen är den viktigaste källan till bedömning av direktavkastningskrav. Det fanns dock ganska stora skillnader i hur de bedömde riskpremiens storlek. Enkäten kompletterades med ett par intervjuer där det betonades att yielden bygger på en helhetsbedömning och att ingen enskild faktor är avgörande.

Franzen och Gardby (2023) presenterar en kvantitativ studie om "Makroekonomiska och marknadsspecifika variablers effekt på direktavkastningskravet". Studien gäller Stockholm CBD under perioden 2000-2022 och ett antal hypoteser om påverkande faktorer formuleras. Högre riskfri ränta och högre vakansgrad antas leda till högre direktavkastningskrav medan högre hyrestillväxt och högre BNP-tillväxt antogs leda till lägre direktavkastningskrav. Ekvationens förklaringsgrad var relativt låg men tre av hypoteserna fick stöd men något samband mellan vakansgrad och direktavkastningskrav kunde inte beläggas.

Saxton (2022) genomför en kvantitativ studie om vad som påverkar "the cap rate". Han vill särskilt undersöka om nya faktorer bidragit till den minskande kapitaliseringsfaktorn. De två nya faktorer som studeras är ökningen av penningmängden (för att fånga upp en okonventionell expansiv penningpolitik vid sidan av räntenivån) och om andelen utländska köpare påverkat. Tanken bakom den senare faktor är att om fler utländska aktörer söker sig till landet så stiger priser och kapitaliseringsfaktorn sjunker. Den kvantitativa analysen pekar på att den okonventionella expansiva politiken hade en signifikant effekt men inte andelen utländska aktörer - även om det var "rätt" tecken så var sambandet inte statistiskt signifikant.

Ringholm (2023) har i arbetet "Värderingsmetoder för kommersiella fastigheter i Sverige: En jämförande studie av värderingsmetoder som används för olika typer av kommersiella fastigheter i Sverige" intervjuat ett antal fastighetsbolag med olika portföljer samt även några värderingsföretag. Det som framkommer är en tämligen enhetlig bild där kassaflödesanalysen dominerar för alla typer av fastigheter (10-20 års kalkylperiod) och där ortsprismetoden används som rimlighetskontroll av resultaten från kassaflödesanalysen.

Sonesson och Mattson (2023) har skrivit uppsatsen "Fastighetsvärdering i tunn marknad: En problematik för värderare och banker" utifrån både intervjuer och en studie av värderingar i balansräkningar. De konstaterar att transaktionsvolymen föll med 42% under 2022 när inflation och räntor steg kraftigt. Bland resultaten kan nämnas att bristen på transaktioner gjort att värderare varit obenägna att skriva ner värden när de gjort värderingar för balansräkningar. Det fanns påståenden om att värderare som ville skriva ner värden valdes bort av beställarna. Bankerna betonade att med få transaktioner måste dessa analyseras mer noggrant innan slutsatser dras. Bankerna gjorde alltid egna värderingar och önskade bland annat att de externa värderarna granskades hårdare, till exempel av auktoriserande organisation.

10.5 Hur investeringsstödet påverkar fastighetsvärde

Loitto (2023) har genomfört en intervjustudie med cirka 20 företag för att ta reda på hur marknaden ser på hyreshus som fått investeringsstöd - och som därför under 15 år måste sätta en något lägre hyra jämfört med hyreshus som inte fått detta stöd. Å ena sidan blir driftnettot lägre eftersom hyran är lägre, men å andra sidan leder den lägre hyran till lägre vakansrisk. I intervjuerna framkommer bland annat att många projekt, särskilt på mindre orter, inte varit lönsamma utan investeringsstödet. Man verkar dock vara tämligen överens om att dessa fastigheter betingar ett lägre pris än jämförbara objekt utan investeringsbidraget. Marknaden för dessa fastigheter är liten men objekten kan vara särskilt intressanta för passiva investerare eftersom driftnettot är så stabilt.

10.6 Hållbarhetsfrågor

Arbetet "Empirical study of the impact of green certification on the rental income: Do green certifications add value to office buildings?" (Köhler och Rydholm, 2021) behandlar tre delfrågor knutna till effekten av miljöcertifieringar. 1. Påverkar certifiering hyresnivån? 2. Finns det skillnader mellan olika certifieringar? och 3. Finns det skillnader mellan förortslägen och lägen i stadscentra? Data för perioden 2010-2020 från Stockholm, Göteborg, Malmö och Uppsala används. Resultaten är att (1) Certifierade fastigheter har cirka 5% högre hyror. (2) BREEAM gav klart högre hyror jämfört med LEED och Miljöbyggnad och (3) Den procentuella ökningen är större i förortslägen.

I uppsatsen "Natural hazards impact on real estate value" (Karlsson och Claesson, 2022) tar man fram en checklista och en beräkningsmetod för att bedöma hur utsatt en fastighet är för extremväder. Modellen tillämpas för kommersiella fastigheter i Milano där dessa risker bedöms nästan fördubblas fram till 2040. "Natural hazards" inkluderar sådant som är kopplat till väder och omfattar "heavy precipitation (rain or hail), windstorms, heatwave, and cold wave". Bland annat presenteras "risk rating matrices" som beskriver hur vanlig en viss risk är och hur stor skada som den leder till. Risker kopplade till olika byggnadskomponenter redovisas.

Dahlberg och Frank (2022) studerar "Miljöcertifierings påverkan på försäljningspriset av kontorsfastigheter". De jämför certifierade och icke-certifierade fastigheter i olika lägen och intervjuar fastighetsbolag om motiv för att köpa en certifierad fastighet. Den kvantitativa studien visade högre priser på certifierade fastigheter i 4 av 5 delområden. Intervjuerna visade bland annat att möjligheten att få billigare grön finansiering spelade stor roll för köparna samt att man vill erbjuda kunderna en produkt med mer hållbara egenskaper.

Frankenberg och Åkerström (2022) har i sitt arbete "Energieffektivisering av befintliga kontorsfastigheter - Hur påverkas marknadsvärdet?" gjort en statistisk analys av sambandet mellan energiförbrukning och marknadsvärde. En databas från Boverket och en från Datscha har samkörts och slutsatsen är att det finns ett statistiskt signifikant samband. De skriver sammanfattningsvis att kontors-fastigheter som förbättrat sin energiprestanda ökat sitt marknadsvärde med i genomsnitt 700 kr per kvm.

10.7 Pandemins effekt på fastighetsvärdering

Nisic och Unwer (2022) har intervjuat tre fastighetsbolag och konstaterar att bolagen varit försiktiga med att justera olika parametrar. Det fanns en oro för att hyresintäkter från t ex hotell skulle minska men å andra sidan gav staten stöd till hyresbetalningar. Några bolag gjorde inga justeringar i de ingående parametrarna i kassaflödesanalyserna, medan vissa justerade ner omsättningsdelen i hyrorna. Företagen menade vidare att observationer från marknaden är avgörande och att det motiverade att man avvaktade med förändringar. Alla var dock överens om att osäkerheten i värderingar ökat när det fanns få transaktioner att utgå ifrån.

10.8 Värdering av mark för samhällsfastigheter

Lofthammar och Stensson (2021) behandlar denna fråga bland annat utifrån enkäter till kommuner och genomgång av värderingsunderlag. Inledningsvis konstateras att enligt EU:s regler ska sådan mark antingen säljas till högstbjudande eller värderas av extern expert. De empiriska studierna pekar dock på att många kommunerna inte följer dessa regler. Ofta sker en intern värdering och en direktanvisning av mark. I underlagen sägs ofta att en ortsprismetod används men författarna är kritiska på denna punkt och menar att det finns få köp som dessutom sällan är jämförbara. En exploateringskalkyl där markvärdet bestäms som skillnaden mellan det färdiga objektets värde och byggkostnaden används också, ofta i kombination med en ortsprisanalys.

125

10.9 Avslutning

Det kommer kontinuerligt nya examensarbeten och jag rekommenderar verkligen att då och då besöka de aktuella institutionerna hemsidor för att ta reda på vad som gjorts. Det finns egentligen ingen annan källa som innehåller lika breda och aktuella översikter av värderingsfrågor.

Referenser

Dahlberg, E och Frank, L (2022), Miljöcertifierings påverkar på försäljningspriset av kontorsfastigheter. Masteruppsats, Lund.

Engsner S och Signäs, J (2020), The yield of newly built rental properties: Does the investor require a risk premium. Masteruppsats, KTH.

Frankenberg, J G och Åkerström, C (2022), Energieffektivisering av befintliga kontorsfastigheter: Hur påverkas marknadsvärdet. Kandidatuppsats, KTH.

Franzén, B och Gardby, A (2023). Makroekonomiska och marknadsspecifika variablers effekt på direktavkastningskravet. Kandidatuppsats, KTH.

Gullström-Hughes, M och Ernhagen-Jönsson, H (2021), Varierande kontorsyielder i Sveriges största CBDs. Kandidatuppsats, KTH.

Hållén, M och Skärvinge, L (2021), Värdering av studentbostäder. Kandidatuppsats, KTH.

Karlsson, A och Claesson, R (2022), Natural hazards impact on real estate value. Masteruppsats, KTH.

Kourie, M och Touati, A (2020), Osäkerhet vid värdering av kommersiella fastigheter. Kandidatuppsats, KTH.

Källebring, J och Wiklund, F (2023), Fastighetsinvesteringar och inflation: Hur påverkas direktavkastningskravet av en höginflationsmiljö? Kandidatuppsats, KTH.

Köhler, A och Rydholm, J (2021), Empirical study of the impact of green certification on the rental income. Masteruppsats, KTH.

Lindqvist, H och Ronholt, J (2023), Den digitala tvillingen i värderingsprocessen i fastighetsbranschen. Kandidatuppsats, KTH.

Lofthammar, S och Stensson, H (2021), Mark för utveckling av samhällsfastigheter, hur värderas den? Masteruppsats, Lund.

Loitto, M, (2023), Investeringsstöd, en investering i framtiden? Hur värderas hyreshus med investeringsstöd i jämförelse men andra hyreshus? Masteruppsats, Lund

Nisic, A och Unver, Y (2022), Värdering av avkastningsfastigheter under pandemin. Kandidatuppsats, KTH.

Ribbefjord, B och Svensson, D (2020), Convergence of yield. Masteruppsats, KTH.

Ringholm, S (2023), Värderingsmetoder för kommersiella fastigheter i Sverige. Kandidatuppsats, KTH.

Rodriguez Jillker J och Truong, K (2022), Fastighetsvärdering på en förändrad kontorsmarknad. Kandidatuppsats, KTH.

Sanjari, S och Mijac, A (2023), Revolutionerande fastighetsvärdering: Påverkan av artificiell intelligens på fastighetsvärderingsprocessen. Kandidatuppsats, KTH

Saxton, H (2022), Follow the money: determinants of cap rates in the Stockholm office market. Masteruppsats, KTH.

Sonesson, J och Mattsson, J (2023), Fastighetsvärdering i en tunn marknad: En problematik för värderare och banker. Masteruppsats, Lund.

Teang, K och Lu, Y (2021), Property valuations by machine learning and hedonic pricing models. Masteruppsats, KTH.

Wiklund ; C och Havdelin, J (2020), Fastighetsvärdering i lågkonjunk-
turen: Med utgångspunkt i finanskrisen 2008. Kandidat-uppsats, KTH.

11. Forskning om fastighetsvärdering `

Hans Lind

11.1 Inledning

Detta kapitel bygger på en genomgång av vetenskapliga artiklar, publicerade mellan januari 2020 och december 2023, om fastighetsvärdering i ett antal fastighetsekonomiska tidskrifter. I bilagan finns en lista på dessa tidskrifter.

Som alltid finns avgränsningsproblem och jag har valt att inte ta med artiklar om prispåverkande faktorer för småhus och lägenheter. Det finns ett mycket stort antal sådana artiklar som behandlar allt från hur miljöfaktorer till brott begångna i området påverkar bostadspriset. Ingen regel utan undantag dock och jag har tagit med några artiklar om bostadspriser som fokuserar på själva värderingsmetoden.

Många av artiklarna är från tidskriften "Journal of Property Investment and Finance" och där finns förutom vanliga vetenskapliga artiklar även något som kallas "Practice briefing" och det är mer av en översikt av ett problemområde än ett specifikt forskningsbidrag. Detsamma gäller de "Education briefings" som finns i denna tidskrift.

Indelning i underavsnitt har styrts av vilka olika delområden som kunnat identifierats utifrån de publicerade artiklarna.

11.2 Värdebegrepp

Artikeln "Valuation for secured lending: the problem of restricted marketing periods" (Thorne 2023) är en så kallad "Practice briefing". Resonemangen rör begreppet "Forced sale value" och en tolkning är just att det är sannolikt pris om det är en "restricted marketing period". Relevansen av detta begrepp kan dock ifrågasättas när de normala försäljningsperioderna är tämligen korta. Om någon uppfattar sig som tvungen att sälja så blir det ju ändå ett marknadsvärde ifall de kan sälja på vanligt sätt. Om många har finansiella problem och "måste" sälja ökar utbudet och pressar priser så är det fortfarande vanliga mark-nadsvärden så länge försäljningarna sker som vanligt. Thorne pekar dock på att ifall ägaren gått i konkurs kan det finnas problem med doku-mentation som kan påverka sannolikt pris. Han betonar vidare att det är viktigt för värderaren att vara mycket tydlig med på vilket sätt den aktuella försäljningen skiljer sig från en vanlig försäljning och hur denne resonerat när det gäller hur dessa speciella förhållandet påverkat sannolikt pris - det finns ju rimligen sällan något direkt jämförelse-material att luta sig mot för att bedöma detta.

French, Crosby och Thorne (2021) diskuterar i denna "Practice briefing" typiska "missförstånd" och tillämpningsproblem relaterade till marknadsvärdebegreppet när det är en nedgång på marknaden. De betonar att det faktum att många inte vill sälja när det uppskattade marknadsvärdet faller i en nedgång inte är ett argument för att värdena är får låga. När antalet transaktioner går ner ökar svårigheterna för vär-derarna och författarna beskriver hur vissa aktörer (open-ended funds) kritiserar värderarna för att inte sänka värderingarna tillräckligt snabbt medan andra aktörer kritiserar dem för att värdera ner fastigheterna trots att de inte har transaktioner som stöd. French (2020b) betonar i en annan "Practice briefing" (se nedan) att värderarna ska använda all tillgänglig information och inte endast data från genomförda transaktioner.

I ett antal länder finns alltså en diskussion om att det behövs någon form av långsiktiga värden i samband med kreditgivning. I artikeln "Modelling sustainable rents for estimation of long-term or fundamental values for commercial real estate" (Crosby et al 2022) analyseras olika sätt att få fram en modell för att skatta långsiktigt hållbarare hyresnivåer - och som sen kan användas för att skatta långsiktiga värden. Ett antal modeller testas för att se om de kan fungera som "early warning" när man ska bedöma om de aktuella hyresnivåerna är hållbara eller inte. Den modell de rekommenderar fungerade bra för att ge sådana varningar inför nedgångarna kring år 1990 och 2000 men var sämre på att förutsäga nedgången 2008/2009. Sammanfattningsvis menar de dock att denna typ av statistiska modeller kan ge viktig information till de som ger lån och till myndigheter som övervakar finansmarknader.

I artikeln "The implementation of long-term prudent valuation models across the UK och Mainland Europe for financial regulation purposes" av Crosby och Hordijk (2024) menar de att en anpassning av ett marknadsvärde till ett "prudent value" inte kan göras på objektsnivå av en enskild värderare. Det bör göras på marknadsnivå utifrån en överenskommen statistisk modell av en övervakande myndighet. I artikeln diskuteras förutom innebörden i själva begreppet "prudent value" även bland annat datatillgång för att kunna skatta sådana modeller i olika länder. Artikeln innehåller också en omfattande litteraturgenomgång.

11.3 Automatiska värderingsmodeller

I dessa tider av ökad användning av AI-modeller inom olika områden är det inte förvånande att ett betydande antal artiklar handlar om Automatiska Värderingsmodeller (AVMs) ur olika perspektiv.

Startpunkten i Matysiak (2023) är att ett antal företag säljer AVM-modeller och enligt författaren inte ger tillräckligt bra information om hur framgångsrika deras modeller varit. Han skriver "What does seem apparent, however, is that rigorous standards for the independent scrutiny of AVMs are needed". I artikeln diskuteras olika aspekter av vad sådana standards bör innehålla och hur extern bedömning kan gå till.

Han avslutar med att betona behovet av en syntes:

"The current buzzword in data mining/machine learning investment circles is "quantamental", which captures the essence of combining the output from an algorithm and fundamental analysis. Consequently, it may be that the partnership of AVM output and valuer analysis will result in synergies." (s 286)

131

Flera artiklar jämför prediktionsförmågan hos AVM-modeller ("machine-learning algorithms") med traditionella hedoniska metoder med regressionsanalys utifrån förutbestämda parametrar och funktionsformer. Valier (2020) går igenom en rad tester som andra gjort för att jämföra dessa båda metoder, totalt 53 artiklar. Slutsatsen är att AVM-modeller oftast ger bättre förutsägelser, men fortfarande finns stor osäkerhet i förutsägelserna:

> "The main limit of machine learning lies in overfitting. Its powerful predictive capacity often runs the risk of being ineffective when confronted with new data, different from those with which it has trained." (s 221)

I en "Practice briefing" ger Glumac och Des Rosiers (2021) en översikt av de Automatiska Värderingsmodellernas (AVM) möjligheter och begränsningar. De noterar att automatiska värderingsmetoder använts länge för massvärdering, t ex för taxering. Under senare år har dock användningsområdena breddats, men de noterar att bristen på data fortfarande begränsar användbarheten när det gäller värdering av kommersiella fastigheter.

En rad artiklar behandlar värdering av småhus i USA i samband med kreditgivning: Se avsnittet om osäkerhet och bias nedan. Startpunkten i Bogin och Shui (2020) är att den vanliga värderingsmetoden - där värderaren utgår från de 3-5 mest jämförbara objekten - ger värden som i 25% av fallen ligger mer än 5% över observerade priser. De testar därför en rad olika AVM-modeller med olika inbyggda statistiska tekniker. Slutsatsen är även om AVM-modellerna ger bättre förutsägelser är det tveksamt om förbättringen står i proportion till det ökade behovet av datorkapacitet:

> "Our tree-based random forest estimator performs the best in terms of out-of-sample fit, but is also the most computationally burdensome. In the face of computing constraints or lack of a

powerful server, we believe that a standard hedonic offers an excellent alternative."

Glumac och Des Rosiers (2021) försöker skapa en taxonomi för Automated Valuation Systems och presenterar bland annat följande figur (Figur 11.1) där AVS är ett mer övergripande begrepp och AVM en specifik matematisk modell. De menar vidare att en AVM inte bara bör bedömas utifrån hur bra den förutsäger. I figuren nedan finns en box med "teori" som pekar på just det.

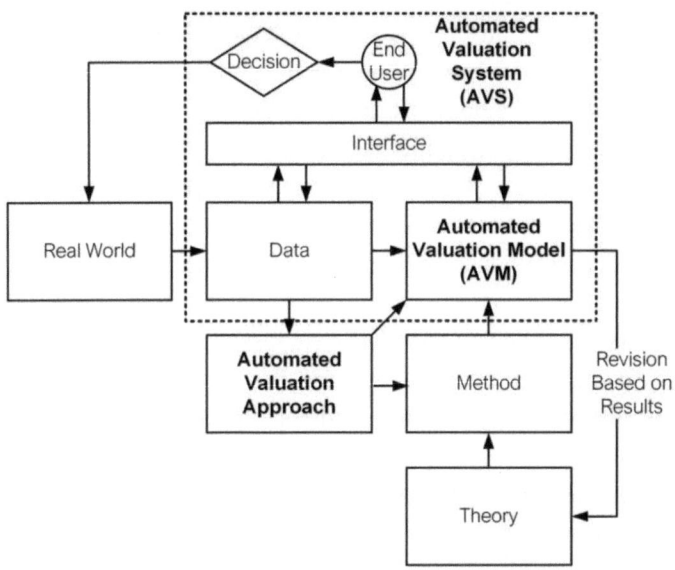

Figur 11.1 Taxonomi för Automated Valuation Systems (Glumac och Des Rosiers, 2021, s. 453)

Wan och Lindenthal (2022) är också lite oroade över trovärdigheten för AVM när de bygger på en "black-box". De diskuterar hur modellerna kan testas och beskriver vad de kallar ett "dedicated software testing framework". De utvecklar och testar först en modell för att klassificering av ett småhus arkitekturstil utifrån Google-streetview bilder. Resultatet från denna modell används sedan i en vanlig hedonisk modell för värdering och de visar att värderingen blir bättre om den automatiskt genererade variabeln för arkitekturstil adderas till ekvationen.

I artikeln "Calibration of impact of attributes in the real estate mass appraisal" (Dmytrow och Kuzminski 2022) presenteras och testas en hybridmetod där man kombinerar en statistisk modell med en metod för att systematiskt utnyttja expertkunskaper vid bedömningen av storleken på de parametrarna för enskilda värdepåverkande faktorer. De menar att en sådan kombinerad metod ger bättre resultat,

Despotovic et al (2023) utvecklar en metod för att få in mer kvalitativa bedömning av t ex husets interiör i en AVM. Ett första steg är att träna modellen på ett antal bedömningar som gjorts av experter av t ex skicket i ett kök. Denna delmodell läggs sedan i en AVM som också inkluderar vanliga prispåverkande faktorer. I ett sista steg visas att modellen blir bättre om dessa mer svårmätbara faktorer inkluderas.

Krämer et al (2023) undersöker i "Automated valuation models: improving model performance by choosing the optimal spatial training level" hur modellers prediktionsförmåga hänger ihop med vilka geografiska enheter som används. Vanlig regressionsanalys jämför med maskininlärningsmetoder (neural networks). Ett intressant resultat är att en utvidgning av områdets som tas med inte förbättrar resultatet när vanlig regressionsanalys används med att resultatet förbättras när maskininlärningsmetoder används. Utvidgas området kan ju nya påverkande faktorer vara relevanta och sambanden kan variera och det tycks vara något som maskininlärningsmetoderna kan hantera bättre.

Det kommer allt fler AI-metoder för att skatta fastighetsvärden. I artikeln "Metrics for evaluating the performance of machine learning models" (Steurer, Hill och Pfeifer 2021) betonas att det finns olika mått - metrics - för att bedöma hur bra en modell är. En rad olika mått presenteras och en lista på de 7 mest lämpliga måtten redovisas och dessa testas sedan på fem vanliga AVM-modeller. Tyvärr finns ingen enighet om vilket/vilka mått som är bäst och de betonar att det är viktigt att klart redovisa vilket/vilka mått som använts när det hävdas att en viss modell är bättre än en annan. Inte minst därför att olika mått kan ge olika rankningar av modellerna.

Ett liknande problem diskuteras i artikeln "Uncertainty in automated valuation models: Error-based versus model-based approaches" (Krause, Martin & Fix 2020) där frågan är hur osäkerheten i resultatet från en AVM kan mätas och redovisas. Det pekar på att det varken finns en standardiserad terminologi eller något etablerat sätt att mäta osäkerheten i värdeuppskattningen. En strategi utgår från skillnaden mellan AVM-resultat och verkliga priser ("error-based") medan en annan strategi utgår från skillnader i uppskattning mellan olika AVMs ("model-based"). De testar både strategierna och slutsatsen är att "model-based" uppskattningar är att rekommendera, men att hur trovärdigt resultat den ger beror av en rad olika omständigheter.

Utgångspunkten i Doszyn (2020) är att data ofta är för dåliga för att det ska gå att använda mer avancerade AVM-metoder. Han presenterar en algoritm som ska passa i en sådan situation och visar också hur resultatet sedan kan justeras på ett systematiskt sätt med hjälp av experter som rimlighetsbedömer resultatet från algoritmen. Modellen skattas och metoden testas på ett datamaterial från Polen.

11.4 Vad bestämmer kapitaliseringsfaktorn?

Wong et al (2022) undersökte vad som bestämde nettokapitaliseringsfaktorn (direktavkastningskravet) för kommersiella fastigheter i Sydney och Melbourne. De tre viktigaste faktorerna i det aktuella materialet var obligationsräntan, ett mått på risk-premien och skillnaden mellan avkastningen på aktier och den risk-fria räntan. Faktorer som var med i den statistiska analysen men som inte påverkade så mycket var t ex börs-index, hyresutveckling och vakansnivån. De menar vidare att när ägandet av kommersiella fastigheter mer övergått till finansiella institutioner och fastighetsfonder så används mer avancerade metoder för prissättning av fastigheter.

Larriva och Linneman (2022) använder ny amerikansk data och en "teorilös" statistisk metod - där en lång rad variabler läggs in (värden idag och laggade värden) och där metoden sorterar fram de viktigaste påverkande faktorer. De menar att "mortgage debt as a fraction of GDP" framstår som mycket viktig, både för att förklara utvecklingen och för att kunna göra åtminstone kortsiktiga förutsägelser av kapitaliserings-faktorns utveckling. Uttryckt lite mer allmänt ser de alltså kredittill-gången som avgörande för kapitaliseringsfaktorns utveckling.

Bialkowski, Titman och Twite (2023) använder ett stort datamaterial från olika städer i 33 länder för perioden 2000 - 2019 för att undersöka vad som påverkar "the cap rate" (direktavkastningskravet). De har data både från CBD och från förorter. Bland resultaten kan nämnas: Direktav-kastningskravet faller över tid i takt med att realräntan fallit. Det är lägre i rikare städer och i länder med mer transparenta finansmarknader och med lägre inflation. De finner vidare att direktavkastningskravet är lägre i CBD än i förorter och att den är lägre i förorter med spårbunden trafik. När det gäller skillnader inom en stad gör de en koppling mellan lägre direktavkastning och svårighet att öka utbudet: I regel är det ju svårare att öka utbudet i centrala lägen och i lägen nära en tågstation.

11.5 Utveckling av de vanliga värderingsmetoderna

Tajani et al (2020) utvecklar en metod för att väga olika jämförelseköp i relation till hur lika de är värderingsobjektet när en ortsprismetod används. Tanken är att en sådan metod kan göra justeringar mer objek-tiva. Den föreslagna metoden kan programmeras i Excel och även om metoden som föreslås är relativt matematiskt komplicerad så visar de hur den kan användas praktiskt genom att tillämpa den på ett par bostads-försäljningar i Neapel med ett litet antal jämförelseobjekt. De skriver också

> "It should be pointed out that the experience and the
> professional skills of the valuer, which intervene in the ex ante
> phase, i.e. in the construction of the scales for the measurement

136

of the influencing factors, and in the ex post phase, i.e. in the empirical verification of the results obtained, remain the mandatory requirement in the proposed model." (s 416)

I artikeln "Real estate finance and the lending cap rate" (Stokes och Cox 2023) härleder författarna en formel för vad de kallar "the lending cap rate". Tanken är att värdera fastigheten med hänsyn tagen till finansieringsmöjligheter. Utgångspunkter är då två relationer och vad bankerna har för kriterier i dessa avseende: "loan-to-value ratio" och "debt service coverage". Känner man till dessa kan man beräkna vilket värde (och vilken nettokapitaliseringsfaktor) som är förenliga med bankens villkor.

French (2023) presenterar i artikeln "Pricing to market - an investigation into the use of comparable evidence in property valuation" resultat från en enkät till bl a ansvariga inom TEGOVA från olika länder. Den grundläggande frågan var vilken information som används i värderingar. Han delar in information i en rad grupper, t ex direkt transaktionsinformation hämtad från olika typer av källor, uppgifter om begärda priser, bedömningar av marknadsläget från kollegor (informellt eller i publicerade källor), fastighetsindexar och resultat från automatiska värderingsmetoder. Generellt visar det sig att på de mer transparenta marknaderna används transaktionsbaserad information i högre grad. French betonar på flera ställen i artikeln att "Comparable evidens" ska tolkas bredare än bara direkt transaktionsinformation och att det alltid är en bedömning: "The judgement of the valuer is at the centre of the valuation process. " (s 302).

Gabrielli och French (2021) ger i en "Practice briefing" med titeln "Pricing to market: property valuation methods" en översikt av vilka metoder som passar i olika situationer och för olika fastighetstyper samt i relation till olika nationella regler. Som exempel skriver de följande om kontor:

137

"In most markets, offices are let and thus are income producing and would normally be valued using the Investment method. [Income Approach] However, in markets where there is not an investment market and offices are generally bought and sold for owner occupation, then it is likely that the valuer will value using the contractors' method [Cost Approach]" (s 272)

I artikeln "Beyond the cap rate: Valuation of multifamily properties" presenterar Li och Liang (2020) en modell för att bedöma värdeförändringar. En modell som enligt deras skattningar ger ett bra resultat är att värdeförändringen beror av (1) trenden på marknaden i stort (2) driftnettots utveckling för värderingsobjektet och (3) driftnettots utveckling för värderingsobjektet i relation till driftnettots utveckling på marknaden. Författarna ser det som att detta är en modell som går utöver de vanliga värderingarna där enbart en kapitaliseringsfaktor används genom att mer hänsyn tas till de enskilda objektets egenskaper i relation till övrig fastigheter.

Lisi (2022) diskuterar hur klassiska hedoniska modeller kan utvecklas genom att även inkorporera "search and matching models". En viktig aspekt av detta är att prisfunktionen ska ta hänsyn till "market tightness" och att om man gör det så får man en icke-linjär funktion för de traditionella prispåverkande faktorerna. Lisis förhoppning är att en sådan utveckling kan göra modeller mer användbara, särskilt i situationer där marknaden ändras snabbt.

11.6 Fastighetsvärdering och hållbarhet

Inte helt oväntat fanns en rad artiklar om hållbarhet. Warren-Myers (2022) innehåller en översikt av den vetenskapliga litteraturen om hållbarhet och fastighetsvärden och en genomgång av hur hållbarhet hanteras i olika regelverk och rekommendationer. En slutsats är att även om hållbarhetsaspekter tas upp allt mer i litteratur och rekommendationer är det fortfarande tveksamt hur stort genomslag det har i praktiken. Fler studier behövs av hur regelverk och rekommendation implementeras i praktiken.

Warren-Myers (2023) - som är en fortsättning på den ovanstående artikeln - beskriver situationen i Australien. Det har ända sedan 2007 gjorts regelbundna enkäter till värderare om olika frågor och likaså följs upp hur många byggnader som har miljöklassificerats. Australien har sina egna klassificeringar och användandet har ökat kontinuerligt. Allt fler värderare bedömer också att hyresnivå och pris påverkas av miljöfaktorer. Fler bedömer också att själva klassificeringen påverkar värdet. Cirka 40% av värdeutlåtandena innehåller ett särskilt avsnitt om fastighetens hållbarhetsegenskaper. I regelverket finns idag vissa krav på ett sådant avsnitt. Det konstateras dock att många värderare fortfarande har dåliga kunskaper om miljöfaktorer och miljöklassningssystemen.

Sayce, Clayton, Devaney och van de Wetering (2022) diskuterar genom vilka kanaler som klimatrisk påverkar fastighetsvärden. Den litteraturbaserade artiklar går både igenom vad som sägs om klimatrisk i olika standards och rådgivande skrifter, samt empiriska studier om effekter. De konstaterar att bristen på belägg gör det svårt att beakta gröna aspekter i fastighetsvärderingen även om det finns med vid rådgivning och marknadsanalys. De summerar olika kanaler mellan gröna aspekter och fastighetsvärden på följande sätt (s 437).

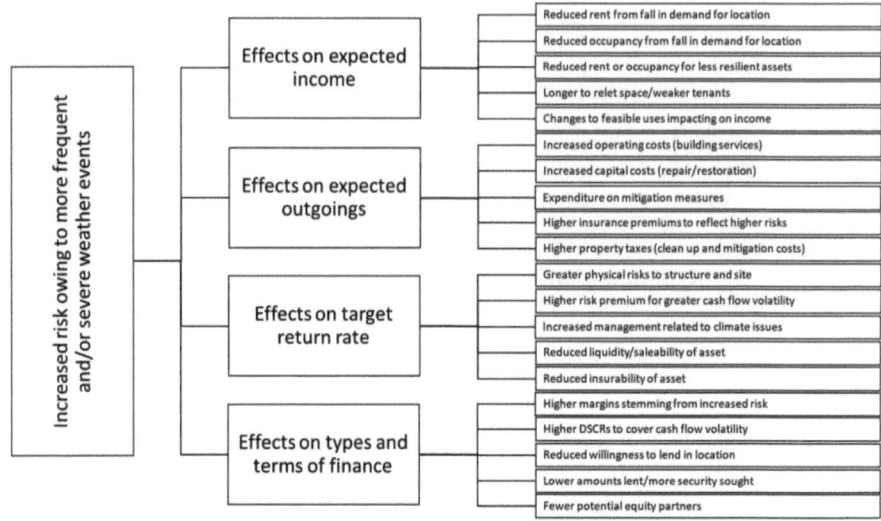

Source(s): Developed with reference to de Wilde and Coley (2011) and Clayton *et al.* (2021a)

Figur 11.2 Gröna aspekter och fastighetsvärden (Sayce, Clayton, Devaney och van de Wetering, 2022, s. 437)

Flera artiklar, t ex Warren-Myers och Cradduck (2022), berör problemet att medan det är tämligen säkert att klimatriskerna ökar - ökad risk för extremväder - så verkar de ännu inte ha slagit igenom i fastighetens värde och värderaren verkar ha otillräckliga kunskaper. Kraven på att värderaren ska kunna ge information om dessa risker kommer rimligen att öka. French (2020a) tar upp en ganska långtgående lagstiftning om att lokaler med energiprestanda under en viss nivå inte ska vara tillåtna att hyra ut efter ett visst årtal och att det inte heller verkar vara något som marknaden beaktar. French betonar dock att värderarens roll är att spegla marknaden och ska inte i värderingen beakta sådant som marknaden inte beaktar.

Zhang et al (2020) undersökte skillnader mellan miljöklassade och icke miljöklassade hotell i Beijing utifrån både kundbedömningar och ekonomiska data och fann både att kunderna i de gröna hotellen - enligt

140

en kinesiskt miljöklassning - var mer nöjda med "indoor environmental quality" och att hotellen kunde ta ut lite högre priser. Denna studie är också metodmässigt intressant eftersom de använder det som brukar kallas en kvasi-experimentell metod. Det fanns cirka 200 gröna hotell och då skapade de en kontrollgrupp med liknande hotell som inte var gröna. Utvärderingen byggde sedan på en jämförelse mellan dessa grupper. För några år sedan gick nobelpriset i ekonomi till en grupp forskare som utvecklat denna typ av metoder som blivit allt vanligare i nationalekonomi.

Chegut et al (2020) undersöker i hur hög grad som värderare av flerbostadshus tar hänsyn till energieffektivitet. De har data från England och Nederländerna och deras resultat pekar på en tydlig förändring mellan 2010 och 2015 där energieffektivitet spelar en klart större roll 2015. De diskuterar möjliga förklaringar, t ex att aktörerna på marknaden tar större hänsyn till energieffektivitet, att kunskap om regelverk ändrats och/eller att värderarnas kunskap om hur driftnetto påverkas av energieffektivitet gjort att energikostnader fått större genomslag.

Lambourne (2022) undersöker med hjälp av en on-line-enkät till värderare hur gröna aspekter påverkar fastighetsmarknaden i Förenade Arabemiraten. De bedömer att priseffekterna är mycket små (bortsett från de faktorer som direkt påverkar driftnettot). Striktare regler, striktare kontroll och mer transparens rörande priser betonas som möjliga åtgärder för att få gröna faktorer att spela större roll för investerare i dessa länder.

Huang och Du (2021) undersökte hur luftföreningar påverkar mark-priser i de auktioner som görs av mark för bebyggelse i Kina. Utifrån ett stort datamaterial finner de en klar effekt av luftföreningsnivå på markpriserna samt några intressanta skillnader mellan olika typer av transaktioner. Effekterna var större på mark som i övrigt låg i mer attraktiva lägen och där målgruppen hade högre inkomster. Effekten var också större om det var privata företag som köpte jämfört med de stats-kontrollerade företagen. De spekulerar avslutningsvis om bakomliggande faktorer, t ex högre risk att bygga i lägen med sämre luft. Det kan

141

också vara en viss "present-bias" där sannolikhet för bättre luft i framtiden inte ges så stor vikt.

Leskinen, Vimpari och Junnila (2020) presenterar först en fallstudie rörande hur energiproduktion på en lagerfastighet påverkar kassaflödet och därmed fastighetens värde. I ett andra steg görs en enkät till fastighetsvärderare för att ta reda på i hur hög grad som de beaktar förekomsten av energiproducerande anläggningar på en fastighet. De flesta beaktar detta till en relativt hög grad men deras slutsats är ändå att värderna i allmänhet underskattar det värde som "renewable on-site energy producton" tillför.

I artikeln "The value of green retrofits" av Bronen et al (2020) studerar de kommersiella fastigheter och hur gröna renoveringar påverkar värdet. De skapar först ett "conceptual framework" där de menar att dessa renoveringar påverkar värdet genom tre kanaler: via kostnadsbesparingar, via minskade risker kopplade till bl a ändrade regelverk och via indirekta nyttor t ex att företaget får bättre rykte. De försöker sedan med data från München att uppskatta hur stora dessa effekter och kommer fram till att den första faktorn leder till en värdeökning mellan 2,4 och 7,4%. De båda andra faktorerna tillsammans bedömdes ge en ytterligare värdehöjning på 3%.

11.7 Fastighetsutveckling, fastighetscykler och prisbubblor

I artikeln "The price-to-rent ratio: A macroprudential application" av Gilbukh et al (2023) undersöker de hur kvoten mellan pris och hyra för bostadsfastigheter har utvecklats över tid. De finner ett tydligt procykliskt mönster och de diskuterar sedan hur man skulle kunna koppla regler om belåningsgrader till hur denna kvot utvecklats. Tanken är att kunna få fram ett någorlunda objektivt kriterium för att förändra regler om belåningsgrader beroende på konjunkturläget och bubbelrisken, dvs myndigheten skulle sänka den tillåtna belåningsgraden när kvoten pris/hyra stiger över en viss nivå.

Geltner et al (2020) utvecklar ett nytt fastighetsindex som enbart inkluderar nyproducerade (kommersiella) fastigheter). Detta jämförs sedan med ett vanligt fastighetsprisindex. En observation är att priserna på nyproducerade fastigheter svänger betydligt mindre än priserna på fastighetsmarknaden som helhet. Detta förklaras främst med att den som väljer att bygga nytt - istället för att vänta - har hittat en produkt som passar den aktuella marknaden bättre än den genomsnittliga fastigheten. Detta nya fastighetsprisindex kan vara särskilt intressant för fastighetsutvecklare då ett vanligt fastighetsindex inte speglar de möjligheter som ändå kan finnas på marknaden trots att den allmänna prisnivån har fallit.

11.8 Fastighetsvärdering i redovisningssammanhang

Groth, Liang och Petrova (2020) undersöker hur införande av fair-value-redovisning påverkat marknaden. En konsekvens borde vara ökad transparens vilket i sin tur skulle underlätta transaktioner genom att den asymmetrisk informationen minskar. Med hänvisning till en tidigare studie mäts transparensen genom att bland annat studera variansen i antal transaktioner. De menar också att skillnaden mellan ett aktievärde och differensen av redovisade värden och skulder borde minska. De använder data för noterade fastighetsbolag i ett stort antal europeiska länder för att testa sina hypoteser. Deras resultat var att asymmetrin hade minskat, men att de inte kunde se någon effekt på relationen aktievärde och underliggande fastighetsvärde. Tvärtom noterade de att i kristider var gapet aktievärde och underliggande fastighetsvärde större än tidigare. De diskuterar inte närmare vad det kan bero på men man kommer att tänka på resonemangen i den tidigare nämnda rapporten till Finansinspektionen som tyder på att företagen är sena med att skriva ner fastighetsvärdena i redovisningen även om det skett en nedgång på marknaden.

Mäki (2020) använder ett datamaterial för ca 60 noterade företag i 10 europeiska länder som täcker åren 2007 till 2016. Han finner (visst) stöd för två hypoteser. Den första hypotesen är att finansiellt svagare företag tenderar att använda interna värderare i högre grad. Den andra hypotesen är att interna värderare tenderar att sätta högre värden (öka värdena snabbare) än externa värderare. Det betonas att det bland annat av dessa skäl är viktigt att företagen redovisar vilka värderare som används.

11.9 Osäkerhet, bias och kvalitet i fastighetsvärderingar

Ett ständigt tema i litteraturen om fastighetsvärdering är hur osäkerhet ska hanteras. French (2020b) är en "Practice briefing" som skrevs under pandemin och som diskuterar hur värderaren ska agera när det finns mycket få transaktioner och när det t ex kan vara omöjligt att inspektera fastigheter. I "The Red Book" används termer "Material uncertainty" för att markera att det är en klart större osäkerhet än vanligt. French betonar för det första att en värdering alltid är en bedömning och att när det är ont om transaktioner måste annan information ges större vikt, t ex informell information om hur potentiella köpare resonerar (s 463). För det andra betonar han vikten av att kommunicera denna ökade osäkerhet på ett tydligt sätt i sitt värderingsutlåtande (s 469).

Thorne (2021) har skrivit en så kallad "Education Briefing" med rubriken "Valuation uncertainty - when and why this is important". Bakgrunden är fallande transaktionsvolymer under pandemin och den ökade osäkerhet som följde av det. Thorne gör en översikt av hur osäkerhet diskuterats i värderingssammanhang under de senaste 20 åren. Han betonar att all värdering är osäker men att värderaren är skyldig att signalera till kunden om osäkerheten är större än normalt. En ökad osäkerhet kan enligt en IVSC-rapport beror på tre saker: En oväntad händelse, att något gör att likviditeten på marknad sjunker under en längre tid, vilket inte behöver bero på en oväntad händelse, och till sist att situationen är sådan att olika värderingsmetoder ger klart olika resultat. Thorne är skeptisk till att sätta siffror på denna ökade osäkerhet utan förordar en mer kvalitativa beskrivningar där värderaren beskriver varför värderingarna av det aktuella objektet vid den aktuella tidpunkten är osäkrare än normalt.

För höga värderingar har pekats ut som en bidragande faktor till den långivning till hushåll för köp av bostäder som ledde till finanskrisen 2008-2009 i USA. Flera amerikanska studier är kopplade till detta. Mayer och Nothaft (2022) beskriver först den institutionella strukturen när det gäller utlåning till köpare av småhus. Strukturen är att långivare beställer värderingar från värderare och sedan granskar dessa och kan göra justeringar i bedömt värde. Ortsprismetoden används och då ska priset i jämförelseköpen justeras neråt om fastigheten som ska värderas är sämre och justeras uppåt i det motsatta fallet. De analyserar ett datamaterial där de kan se vilka justeringar som gjordes under processen och kommer fram till att justeringarna görs på ett biased sätt: De bättre jämförelseobjekten justeras ner relativt lite medan sämre objekt justeras upp relativt mycket. Dessutom verkar värderaren ge objekten med högre priser större vikt. De pekar på tre olika bias i artikeln: Confirmation bias (värderaren vill bidra till att lånet går igenom), selection bias (tenderar att ge bättre jämförelse objekt större vikt) och calibration bias (att bättre jämförelse objekt inte justeras ner så mycket). Trots att vissa regeländringar har gjorts för att få mer oberoende värderingar kvarstår dessa olika typer av bias i det aktuella datamaterialet från 2015-2016.

Fout et al (2022) studerar också amerikanske småhusvärderingar. Förloppet där är att det först ingås ett preliminärt kontrakt och sen anlitas en värderare som värderar fastigheten som en del i en låneansökan. Anchoring till priset i kontraktet - och värderingar något över det överenskomna priset - är det mest vanliga. Ibland pekar dock värderingen på ett värde som är lägre än det överenskomna priset. Den aktuella artikeln fokuserar på vad som händer i denna situation. Ett stort datamaterial analyseras och en av slutsatserna är att en låg värdering ofta leder till en omförhandling av köpekontraktet och priset sänks ner mot värderingen. Detta är särskilt vanligt om det är en finansiellt svag köpare.

Conklin et al (2020) undersöker effekten av konkurrens på sanno-likheten att värderaren ger en hög värdering, givet den institu-tionella strukturen för småhusvärdering i USA. Teorin bakom är att lån-givaren gärna vill ge lån men behöver en värdering i nivå med priset för att kunna göra det. Om det råder mer konkurrens på värderings-marknaden kommer den värderare som ger en tillräckligt hög värdering att få mera uppdrag och då blir incitamenten att värdera högt starkare. Den empiriska studie som genomförts pekar på att det fanns ett sådant samband mellan mer konkurrens och högre värderingar, och att sambandet verkar vara något starkare på marknader där priser steg relativt snabbt.

Startpunkten i artikeln "Accuracy of the German income approach in comparison to German DCF valuations" (Reinert 2020) är att fastighetsprisindex för Tyskland svänger mindre än motsvarande index för andra länder. Eftersom indexet bygger på värderingar är en hypotes att stabiliteten i index beror på tyska värderingsmetoder och värde-begrepp. I artikeln jämförs värden enligt två tyska värderingsmetoder (en kapitaliseringsmetod och en kassaflödesmetod) med faktiskt noterade priser och slutsatsen är att värdena ligger nära de observerade priserna. Därmed kan inte stabiliteten i prisindex förklaras med att värderingarna är stabilare än priserna.

Reinert (2021a) försöker i artikeln "Valuation accuracy across Europe: a mass appraisal approach" bedöma hur bra de värderingar är som görs av företags ägda fastigheter, dvs värderingar som inte är knutna till fastigheter som faktiskt sålt. Värderingarna bedöms genom en jämförelse med en statistisk modell skattade utifrån faktiska transak-tioner. Generellt visar det sig att skillnaderna är relativt små men att det fanns en viss tendens till övervärderingar. Jämförs de absoluta avvikel-sernas storlek mellan olika länder så var slutsatsen dock "Sweden was consistently the market with the lowest valuation accuracy":

En diskussion som finns i flera länder rör att företag vid värdering för sin balansräkning kan använda interna eller externa värderare. I artikeln

"Valuation accuracy of external and internal valuations in Germany" (Reinert 2021b) görs en jämförelse mellan dessa värderingar och dels faktiska transaktionspriser för fastigheter och dels värden uppskattade med en statistisk modell. Slutsatsen var att i både fallen föll värderingarna inom det intervall som bedömdes rimligt (+/- 15%) men att de externa värderingarna i båda fallen låg närmare det "sanna" värdet.

Amadou et al (2021) försöker i artikeln "Conceptualising valuation quality in practice: A valuer perspektive" klargöra vad som menas med att en värdering har hög kvalitet. Studien bygger främst på intervjuer med värderare. Deras slutsats är att kvalitet sammanhänger med fyra olika dimensioner: 1. "Professionalism" (som bl a täcker integritet och kompetens), 2. "Effective and customised communication" (som bl a täcker att göra en begriplig rapport med en tydlig motivering av hur man kommit fram till slutserna och anpassad efter mottagarens behov) 3. "Reporting accuracy" (som bl a täcker att det finns ett pålitligt och verifierbart material som underbygger slutsatsen och att det inte finns några tekniska fel samt att begränsningar redovisas tydligt) samt 4. "Compliance obligations" (som bl a täcker att värderaren följer standards och regelverk och använder etablerade begrepp på rätt sätt). Avslutningsvis menar det att resultat som dessa är viktiga för hur grundutbildning och fortbildning utformas.

11.10 Avslutning

I dag publiceras allt fler artiklar med så kallad Open access, dvs artikeln ska vara tillgänglig utan att man ska behöva betala för en prenumeration eller för att ladda ner artikeln. Flera svenska forskningsfinansiärer kräver sådan publicering, vilket alltså innebär att forskarna få betala en summa till tidskriften för att kompensera för minskade försäljningsintäkter. Dessa avgifter ingår då i forskningsanslaget. I samma nummer av en tidskrift kan det alltså finnas både öppna och låsta artiklar. Vissa tidskrifter publicerar allt med open access. Ett exempel är tidskriften Nordic Journal of Surveying and Real Estate.

I tidskrifterna finns mailadresser till författarna och ofta kan man få en kopia om man mailar dem och frågar. Tidigare versioner av en artikel kan också vara tillgänglig som Working papers och de kan man hitta om man googlar på artikelns titel.

Om någon är särskilt intresserad av någon av artiklarna i denna översikt kan man enklast få en pdf genom att maila till hanslind.fastighetsekonomi@gmail.com.

Referenser

Amidu, A-R, Levy, D & Bolomope, M (2021) Conceptualising valuation quality in practice: a valuer perspective, Journal of Property Research, 38:3, 213-237,

Białkowski , J,Titman, S & Twite, G (2023), The determinants of office cap rates: The international evidence, Real Estate Economics, 51, 539-572.

Bogin, A N & Shui, J (2020), Appraisal Accuracy and Automated Valuation Models in Rural Areas, Journal of Real Estate finance and economics, 60, 40-52.

Brounen, D, Groh, A M & Haran M (2020), The value effects of green retrofits, Journal of European Real Estate Research, 13, 301-319.

Chegut, A, Eichholtz, P & Palacios, J (2020), Energy Efficiency Information and Valuation Practices in Rental Housing, Journal of Real Estate finance and economics, 60, 181-204.

Conklin, J, Coulson, N E & Le, T (2020), Competition and Appraisal Inflation, Journal of Real Estate finance and economics, 61, 1-38.

Crosby, N, Devaney, S, Lizieri, C & Mansley, N (2022) Modelling sustainable rents for estimation of long-term or fundamental values of commercial real estate, Journal of Property Research, 39:1, 30-55.

Crosby, N, & Hordijk, A (2024), The implementation of long- term prudent valuation models across the UK and Mainland Europe for financial regulation purposes, Journal of Property Research, Publicerad online 21/2/24.

Despotovic, M, Koch, D, Stumpe, E , Brunauer, W & Matthias Zeppelzauer, M (2023), Leveraging supplementary modalities in automated real estate valuation using comparative judgments and deep learning. Journal of European Real Estate Research, 16, 200-219.

Dmytrów, K & Kuźmiński, W (2022), Calibration of impact of attributes in the real estate mass appraisal, Journal of European Real Estate Research, 15, 244-262.

Doszyń, M (2020), Algorithm of real estate mass appraisal with inequality restricted least squares (IRLS) estimation, Journal of European Real Estate Research, 13, 161-179.

Fout, H, Mota, N & Rosenblatt E (2022), When Appraisers Go Low, Contracts Go Lower: The Impact of Expert Opinions on Transaction Prices, Journal of Real Estate finance and economics, 65, 451-491.

French, N. (2020a), Property valuation in UK: climate change targets and the value of UK investment properties – a change in sea level, Journal of property investment and finance, 38, 471-482.

French, N. (2020b), Property valuation in the UK: material uncertainty and COVID-19, (2020), Journal of property investment and finance, 38, 463-470.

French, N (2023), Pricing to market – an investigation into the use of comparable evidence in property valuation, Journal of property investment and finance, 41, 300-318.

French, , Crosby, N & Thorne, C (2021), Pricing to market: market value – the enigma of misunderstanding. Journal of property investment and finance, 39, 492-499.

Gabrielli, L & French, N (2021), Pricing to market: property valuation methods – a practical review. Journal of property investment and finance, 9, 464-480.

Geltner, D, Kumar, A, van de Minne, A M (2020), Riskiness of Real Estate Development: A Perspective from Urban Economics and Option Value Theory, Real Estate Economics, 48, 406-445.

Gilbukh, S, Haughwout, R, L, Landau, R, & Tracy, J (2023), The price-to-rent ratio: A macroprudential application, Real Estate Economics, 51, 503-532.

Glumac, B & Des Rosiers, F (2021a) Towards a taxonomy for real estate and land automated valuation systems. Journal of property investment and finance, 39, 450-463.

Glumac B & Des Rosiers, F (2021b), Practice briefing – Automated valuation models (AVMs): their role, their advantages and their limitations. Journal of property investment and finance, 39, 481-491.

Ghosh, C, Lian, M & Petrova, M T (2020), The Effect of Fair Value Method Adoption: Evidence from Real Estate Firms in the EU, Journal of Real Estate finance and economics, 60, 205-237.

Hossain,S M, van de Wetering, J, Devaney, S & Sayce, S (2023), UK commercial real estate valuation practice: does it now build in sustainability considerations? Journal of property investment and finance, 41, 406-428.

Huang, Z & Du, X (2022), Does air pollution affect investor cognition and land valuation? Evidence from the Chinese land market, Real Estate Economics, 50, 593-613.

Krause, A, Martin A & M. Fix, M (2020), Uncertainty in automated valuation models: Error-based versus model-based approaches, Journal of Property Research, 37, 308-339.

Krämer, B, Stang, M, Doskoč, V, Schäfers, W & Friedrich T (2023), Automated valuation models: improving model performance by choosing the optimal spatial training level, Journal of Property Research, 40, 365-390.

Lambourne, T (2022), Valuing sustainability in real estate: a case study of the United Arab Emirates, Journal of property investment and finance, 40, 335-361.

Larriva, M & Linneman, P (2022), The determinants of capitalisation rates: evidence from the US real estate markets. Journal of property investment and finance, 40, 119-169.

Leskinen; N, Vimpari, J & Junnila, S (2020), The impact of renewable on-site energy production on property values, Journal of European Real Estate Research, 13, 337-356.

Li, J & Liang, X (2020), Beyond the Cap Rate: Valuation of Multifamily Properties, Journal of Real Estate finance and economics, 60, 99-110.

Lisi, G (2022), Education Briefing Property valuation: the hedonic pricing model: the application of search-and-matching models. Journal of property investment and finance. 40, 99-107.

Matysiak, G A (2023), Assessing the accuracy of individual property values estimated by automated valuation models, Journal of property investment and finance, 41, 279-289.

Mayer, Y G, & Nothaft, F E (2022), Appraisal overvaluation: Evidence of price adjustment bias in sales Comparisons, Real Estate Economics, 50, 862-881.

Mäki, J (2020), The role of investment property appraisal in European real estate companies, Journal of European Real Estate Research, 13, 105-122.

Reinert, J (2020), Accuracy of the German income approach in comparison to German DCF valuations, Journal of Property Research, 37, 219-237.

Reinert, J (2021a), Valuation accuracy across Europe: a mass appraisal approach, Journal of Property Research, 38, 25-47.

Reinert, J (2021b), Valuation accuracy of external and internal property valuations in Germany, Journal of Property Research, 38:4, 337-354.

Sayce, S L, Clayton, J, Devaney, S & van de Wetering, J (2022), Climate risks and their implications for commercial property valuations. Journal of property investment and finance, 40, 430-443.

Steurer, M, Hill, R J & Pfeifer, N (2021) Metrics for evaluating the performance of machine learning based automated valuation models, Journal of Property Research, 38:2, 99-129.

Stokes, J & Cox, A (2023), Commercial real estate finance and the lending cap rate. Journal of property investment and finance, 41, 2-10.

Tajani F, Morano P, Francesca Salvo F & De Ruggiero M (2020), Property valuation: the market approach optimised by a weighted appraisal model. Journal of property investment and finance, 38, 399-418.

Thorne, C (2021), Valuation uncertainty – when and why this is important. Journal of property investment and finance, 39, 500-508.

Thorne, C (2023), Practice Briefing Valuations for secured lending: the problem of restricted marketing periods, Journal of property investment and finance, 41, 333-340.

Valier, A (2020), Who performs better? AVMs vs hedonic models. Journal of property investment and finance ,38, 213-225.

Warren-Myers, G (2022), Valuing sustainability part 1: a review of sustainability consideration in valSuation practice. Journal of property investment and finance, 40, 398-410.

Warren-Myers,G (2023), Valuing sustainability Part 2: Australian valuers' perception of sustainability in valuation practice. Journal of property investment and finance, 41, 351-379.

Warren-Myers, G & Cradduck, L (2022), Physical and climate change-related risk identification in valuation practice: an Australian perspective. Journal of property investment and finance, 40, 14-37.

Wong, W W, Mintah, K, Baako, K & Wong, P W (2023), Capitalisation rates for commercial real estate investments: evidence from Australia. Journal of property investment and finance, vol 41, No 2, 239-255.

Zhang, L, Wu, J, Liu, H, & Zhang, X (2020), The Value of Going Green in the Hotel Industry: Evidence from Beijing, Real Estate Economics, 48, 1, 174-199.

Bilaga - Lista på tidskrifter

Artiklarna kommer från följande tidskrifter
Journal of European Real Estate Research
Journal of Property Investment and Finance
Journal of Property Research
Journal of Real Estate Finance and Economics
Real Estate Economics

Följande tidskrifter har också kontrollerats men det fanns under den aktuella perioden inga artiklar inom det aktuella området.
Journal of Real Estate Literature
Journal of Real Estate Research
Nordic Journal of Surveying and Real Estate

Författarpresentationer

Anders Elvinsson är Head of Valuation & Strategic Advisory på Cushman & Wakefield i Sverige. Anders är av RICS och Samhällsbyggarna auktoriserad fastighetsvärderare och utbildad Civilingenjör vid Chalmers tekniska högskola samt Civilekonom vid Handelshögskolan i Göteborg. Anders är även ledamot i styrelsen för sektionen för fastighetsvärdering inom Samhällsbyggarna. Sedan 2023 så driver han även den populära podcasten Fastighet & Finans.

Christina Gustafsson är civilingenjör och tekn. lic. Lantmäteri, KTH. Under flera perioder har Christina varit knuten till Institutionen för fastigheter och byggande vid KTH. Hon ledde tidigare verksamheten med IPD:s olika fastighetsindex i Sverige, Norge och Danmark, vilka 2012 övertogs av MSCI där Christina var Executive Director fram till 2016, då hon valde att trappa ner. Sedan 2015 år hon ordförande för Institutet för värdering av fastigheter.

Jonny Heving är civilingenjör Lantmäteri KTH och arbetar som funktionsansvarig för fastighetsvärdering i Handelsbanken. Jonny är sedan många år ordförande i Bankföreningens Värderingsgrupp och ledamot i European Mortgage Federation, Valuation Committteen. Jonny är dessutom internt Auktoriserad Fastighetsvärderare och medlem i RICS. I hans yrkesroll ansvarar Jonny för att de värderingar som används för olika syften i banken håller god kvalitet och följer olika regelverk

Peter Karpestam har doktorerat i Nationalekonomi vid Lunds universitet. Hans forskning är kvantitativt inriktad mot fastighets-marknaden, rörlighet/flyttmönster, transportekonomi och miljöekonomi. Peter har tidigare arbetat på Boverket, Malmö Stad, Statens Väg- och

Transportforskningsinstitut och Malmö Universitet. Han är för närvarande verksam som forskare på RISE.

Marc Landeman är jur dr. och universitetslektor i civilrätt, särskilt fastighetsrätt vid Juridiska institutionen vid Uppsala universitet. Han är även föreståndare för Institutet för Fastighetsrättslig Forskning (IFF) samt föreståndare för Lantmäteriprogrammet, juridisk inriktning, som båda finns vid Juridiska institutionen vid Uppsala universitet. Marcs forskning bedrivs framför allt inom den speciella fastighetsrätten, bl.a. intresseavvägningar och ersättningsfrågor vid markåtkomst.

Hans Lind är civilingenjör Lantmäteri, KTH, och fil dr i nationalekonomi, Stockholms Universitet. Var fram till 1/1 2016 professor i fastighetsekonomi vid KTH där han arbetade med både undervisning och forskning. Intresseområdena har omfattat bland annat fastighetsvärdering, fastighetsförvaltning i offentlig sektor samt bostadsmarknad och bostadspolitik. Har även skrivit en rad populärvetenskapliga böcker inom dessa områden vid sidan av internationella vetenskapliga publikationer.

Are Oust disputerade i ekonomi med inriktning på fastighetsmarknaden vid Norges teknisk-naturvetenskaplige universitet (NTNU) och är professor i finansiell ekonomi både vid NTNU handelshøyskole och vid Norges handelshøyskole. Vidare innehar han rollen som biträdande chef för NTNU Center for Real Estate and Environmental Economica. Hans forskning inom fastighetsekonomi har resulterat i ett antal internationella vetenskapliga publikationer och han anses vara den ledande forskaren inom området AVM för fastigheter med många betydande publikationer inom detta område.

Peter Palm har disputerat vid KTH och är lektor i Fastighetsvetenskap vid Malmö universitet. Peters forskning är främst inriktad mot fastighetsföretagande ur ett ekonomiskt perspektiv, men har även ett stort forskningsintresse rörande fastighetsmarknaden, dess rörlighet och påverkansfaktorer. Utöver att verka som lektor är Peter även ordförande i sektionen för fastighetsvärdering inom Samhällsbyggarna.

Bertram l. Steininger disputerade inom värdepapperiseringsmöjligheter inom fastighetssektorn vid Universität Regensburg och är nu lektor i Fastigheter och finans vid Institutionen för fastigheter och byggande på KTH. Hans forskning är främst inriktad på tillämpningar av artificiell intelligens (AI), maskininlärning (ML), FinTech/PropTech och tokenisering inom finans och fastigheter. Utöver sina omfattande internationella vetenskapliga publikationer och rollen som redaktör för vetenskapliga tidskrifter har han även författat populärvetenskapliga artiklar inom dessa områden.

Agnieszka Zalejska-Jonsson disputerade vid KTH och arbetar som universitetslektor på Institutionen för fastigheter och byggande, KTH. Agnieszka forskar och undervisar inom fastighetsförvaltning. Agnieszka är särskilt intresserad av och bedriver forskningsprojekt om hållbarhets- och digitalutveckling med dess tillämpningar i fastighetsföretag och inom fastighetsbranschen i övrigt samt av kundens och boendes beteende på bostadsmarknaden.

Institutet för värdering av fastigheter

Christina Gustafsson

Institutet för värdering av fastigheter är en oberoende yrkesförening för personer som är verksamma inom värderingsområdet. Bland ledamöterna i föreningen återfinns nu ett sjuttiotal ledande personer på värderingsföretag, finansinstitut, fastighetsbolag, akademi samt experter i fastighetsfrågor inom den offentliga sektorn. Föreningens namn var tidigare "Institutet för värdering av fastigheter i Stockholm" och verksamheten är även efter att detta strukits fortsatt inriktad på Stockholmsområdet.

Institutet instiftades år 1936 i efterdyningarna från Krüger-kraschen. Verksamheten var ursprungligen betydande med eget kontor och anställd kanslist. Ortprismaterial och statistik över försäljningar av hyreshus och kommersiella fastigheter i Stockholm utgavs från 1940-talet fram till 1970-talet. Föreningens ledamöter utförde kvalificerade värderingsuppdrag av mark och hyresfastigheter, en verksamhet som pågick fram till början av 1980-talet. Uppdragen genomfördes vanligen av två värderingsmän där en var aktiv i arbetet och den andre en stödjande partner. Arvodet utgick efter fastställd taxa och fördelades mellan värderarna och Institutet efter särskild ordning. Ledamöterna var särskilt aktiva i samband med de omfattande expropriationsmålen vid omdaningen av Stockholms City på 1960- och 1970-talet. Ortspris-materialet som man samlade in var då betydelsefullt och har bevarats för framtiden i arkivet Centrum för Näringslivshistoria beläget i Bromma. Inför tidigare allmänna fastighetstaxeringar, senast på 1960-talet, utarbetade Institutet underlaget till taxering av hyresfastigheter i Stockholm.

Syftet med föreningen sammanfattas i stadgarna enligt följande. Föreningen är en sammanslutning av kvalificerade fastighetsekonomer som har till uppgift att:

- Verka för att fastighetsvärderingar utförs på ett fackmannamässigt riktigt sätt och att god sed tillämpas i värderingsarbetet.
- Utveckla enhetlig terminologi och lämplig metodik inom värderingsområdet genom utgivning av publikation inom ämnesområdet.
- Vara kontaktorgan mellan myndigheter och organisationer i värderingsfrågor och fungera som remissorgan.
- Vara samarbetsorgan för ledamöterna i policyfrågor.
- Stärka kårandan och samarbetet mellan professionella aktörer inom det fastighetsekonomiska området.

Inom fastighetsbranschen är Institutet känt som utgivare av boken Fastighetsnomenklatur. Det är ett standardverk som utgavs första gången år 1944 med "Begreppsbestämningar för städer och stadsliknande samhällen" på totalt 33 sidor. Olika fastighetsekonomiska och tekniska termer fick då för första gången en allmänt accepterad definition tillsammans med hur area och volym skulle beräknas i byggnader. Räntabilitetsmetod, suterrängvåning, våningsyta och lägenhetsyta är några exempel på äldre välkända termer. Populärt uttryckt; "Institutet var först med att beskriva hur stor en kvadratmeter är i ett hus".

Bokens titel är numera: Fastighetsnomenklatur | Fastighetsekonomi och Fastighetsrätt och används för utbildning på akademisk nivå inom ämnesområdet fastighetsekonomi, fastighetsförvaltning och fastighetsföretagande och har givits ut i fjorton upplagor. Nästa upplaga 15 planeras att ges ut hösten 2024. Sedan 2003 har boken utökats väsentligt och ansvaret delas med Sektionen för fastighetsvärdering inom Samhällsbyggarna.

Värderingsbranschen har numera en annan struktur och föreningens uppdragsverksamhet är sedan länge avvecklad. Institutets verksamhet är nu inriktad på kvalificerade seminarier om fastighetsekonomi och principiella värderingsfrågor samt studiebesök. Seminarierna genomförs vanligen två gånger per år samt vid årsstämman. Därutöver samlas flera av ledamöterna för lunch en gång i månaden.